KB013096

초급 스페인어 회화

ESPAÑOL EN DIRECTO

NIVEL 1A

해설서

송산출판사

초급 스페인어 회화
ESPAÑOL EN DIRECTO NIVEL 1A 해설서

Primera edición, 1980
Segunda edición, 1981

Colaboración especial: J. A. Matilla
Dibujos: M.ª del Carmen Bachs

ⓒ Sánchez, Ríos, Domínguez
   EDI-6, S. A.
   Madrid, 1981

ⓒ 2011 by Songsan Publisher

인 쇄 일	2020년 1월 3일
발 행 일	2020년 1월 10일
저　　자	AQUILINO SANCHEZ / MANUEL RIOS / JOAQUIN DOMINGUEZ
편　　저	박삼규
발 행 인	윤우상
북디자인	DesignDidot 디자인디도
발 행 처	송산출판사
주　　소	서울특별시 서대문구 통일로 32길 14 (홍제동)
전　　화	(02) 735-6189
팩　　스	(02) 737-2260
홈페이지	http://www.songsanpub.co.kr
등록일자	1976년 2월 2일. 제 9-40호

한국 내 출판권 ⓒ 송산출판사 2011
ISBN 978-89-7780-253-7 (14770)
　　　978-89-7780-252-0 (세트)

이 책의 한국 내 출판권은 SGEL 사와의 독점계약으로 송산출판사가 소유합니다. 저작권법에 의하여 한국 내에서 보호를 받는 저작물이므로 무단전재와 복제를 금합니다.

＊ 잘못된 책은 구입하신 서점이나 본사에서 교환해 드립니다.
＊ 정가는 표지에 표시되어 있습니다.

초급 스페인어 회화

ESPAÑOL EN DIRECTO

해설서   NIVEL 1A

박삼규 편저

머리말

서반아어는 현재 스페인을 비롯하여 중남미 20여 개 국에서 사용하고 있으며 UN의 국제 공용어 중의 하나입니다. 또한 미국 지역 내 특히 텍사스, 조지아 주 등에서는 스페인어를 공용어로 채택하자는 법안을 주 의회에 제출할 정도로 날로 급변하는 국제화 시대에 부응하여 국가 간에 스페인어에 대한 인식과 필요성이 나날이 높아가고 있습니다. 게다가 향후 2050년 내에 미국 내에서 스페인어 사용 인구가 영어를 능가한다는 통계가 나와 스페인어가 점점 각광받고 있는 추세입니다.

따라서 본 교재는 한국외국어대학교를 비롯한 다수 대학의 스페인어과에서 회화교재로 가장 인기 있었던 Espanol en direct를 스페인 현지 출판사 SGEL과 송산출판사가 2007년 국내 독점 판매 계약을 체결하여 이후 한국 독자들의 학습에 가장 큰 도움을 줄 수 있게 수 차례 세밀한 교정과 첨삭 과정을 거쳤습니다. 그리고 비로소 2012년 초부터 공식적으로 국내에서 독점 출판하게 되었습니다. 이를 자축하면서 시판 스페인어 회화교재로서 손색이 없음을 확신하는 바이며 아울러 독자 여러분의 해설 및 정답의 열열한 요구에 부응코자 결국 해설서를 출판하기에 이른 것입니다.

각 과별 문법 보충 해설과 회화체 문장에 맞는 예문을 첨삭했으며, 문법 도해에 걸맞은 예문을 적절히 수록하여 학습자들의 이해를 돕게 했습니다.

Amplíe는 부록편 1. Lectura 해석 부분을 참고 하시고, Practique 부분도 부록 2. Clave de respuestas 정답 부분을 참고 하시면서 공부한다면 더욱 효과적인 공부법이 될 것입니다.

애독자 여러분의 효율적인 스페인어 학습에 많은 도움이 되길 바라면서 건승을 기원합니다.

박 삼 규

일러두기

스페인어로 의사소통을 위한 학습의 주된 목적은 각 과에서 다음과 같은 형태로 달성될 수 있다.

1. 대화: 상황에 맞는 자연스러운 대화를 통해 새로운 어휘를 배우고, 주위를 기울일 문법포인트를 학습한다. 어휘와 문법이 문맥속에서도 조화가 된다.

2. 문법도해: 문법포인트를 최대한 간단하고 명쾌하게 소개했다. 문법 도해에는 회화연습이 수반된다. 작문연습은 연습문제를 통해 충분히 제공된다.

3. 활용해 보아요: 어휘, 형태론 및 구문론 등 다양한 형식을 도입하여 모국어의 간섭을 배제하기 위해 노력하였다. 학습하고자 하는 목적, 상황과 언어사이의 직접적인 관계를 달성하기 위해 삽화를 통해 표시하였다.

4. 말해 보아요: 학생들은 각각의 경우에 주어진 지시에 따라서 스페인어를 사용해야 하고, 전적으로 삽화에 의존하여 연습해야 한다. 이것은 다시 한 번 모국어의 간섭을 배제하기 위함이다.

5. '말해보아요'와 '활용해보아요'에도 종종 연습문제가 이어진다.

6. 때로는 관심과 중요성을 고려해 '관찰하세요'와 '기억해요'를 특별하게 명시한다.

7. 상황: 구두표현은 학생의 창의력 실천을 목표로 하고 있다.
   상황은 '대화'의 평행선상에 있고 이미 학습한 단어를 활용하기 위해 노력한다.

모든것들은 주로 테마와 관련 되어있다. 학생들은 학습한 어휘를 활용해 자연스러운 대화를 만들어 내기 위해 삽화 속에서 충분한 힌트를 얻기를 기대한다.

8. 정기적으로 청각과 억양을 소개한다. 철저히 소개하는 것은 아니다.
   관심이나 난이도를 고려해 특별한 문제들에 대해 주의를 기울인다.

학생들이 보다 쉽게 언어에 익숙해 질 수 있도록 기본구조를 반복하여 충분히 연습할 수 있도록 하였다. 그것은 특히 초기 단계에서 매우 유용하게 활용될 수 있을 것이다.

Indice 1A

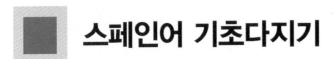

스페인어 기초다지기

스페인어를 40여년 가까이 가르치다 보니 "영어와 스페인어의 차이가 무엇입니까?"라는 황당한 질문을 여러 차례 받은 적이 있습니다.

그런데 곰곰이 생각해보니 답이 나오더군요.

바로 유럽 언어권과 영미 언어권의 가장 큰 차이는 유럽 언어권은 명사의 性 (男, 女성)이 있다는 것입니다. 따라서 그에 걸맞은 지시대명사, 소유대명사, 목적대명사 등이 성에 따라 차등 있게 변하며 정관사, 부정관사 또한 (男, 女성)으로 구분되며 명사를 꾸며주는 형용사도 명사의 성에 따라 o(a)로 변하게 됩니다.

또 하나의 차이는 동사인데, 주어에 따라, 동사의 어미가 (-ar형, -er형, -ir형) 3 가지 유형뿐인데, 행위자, 즉 주어에 따라 동사의 어미가 대개 규칙으로 변합니다. (본 교재 5~9과에 해당) 그러나 영어의 Be 동사에 해당하는 (ser와 estar) 동사는 불규칙으로 (본 교재 1~4과에 해당), 철저히 암기 및 그의 용법을 이해해야 합니다.

마지막으로 영미 언어권과의 차이는 형용사입니다. 품질형용사(대부분 명사 뒤에서 꾸밈, 영어와 우리말과의 차이), 한정형용사(명사 앞에서 꾸밈)가 있는데, 한정형용사에는 지시형용사(대명사), 소유형용사(대명사), 수형용사(대명사) 등이 있습니다.

이상과 같이 영어권과의 간단한 차이점에 대해 살펴보았고 또 하나는 발음입니다. 주의해야 할 몇 가지를 제외하고는 곧이곧대로 발음하면 된다는 점입니다.

따라서 회화를 시작하기 전 위 네 가지 기본 문법 및 발음 (기초 다지기)을 정리한 후, 회화에 적절한 문법을 각 과에 걸맞게 다루기로 하겠습니다.

1 Alfabeto

문자	명칭	발음	
A (a)	아	[아]	a
B (b)	베	[ㅂ]	be
C (c)	쎄	[ㅆ, ㄲ]	ce
CH (ch)	체	[ㅊ]	che
D (d)	데	[ㄷ]	de
E (e)	에	[에]	e
F (f)	에페	[ㅍ, ㅎ]	efe
G (g)	헤	[ㅎ, ㄱ]	ge
H (h)	아체	[묵음]	hache
I (i)	이	[이]	i
J (j)	호따	[ㅎ]	jota
K (k)	까	[ㅋ]	ka
L (l)	엘레	[ㄹ]	ele
LL (ll)	에예	[ㅈ]	elle
M (m)	에메	[ㅁ]	eme
N (n)	에네	[ㄴ]	ene
Ñ (ñ)	에녜	[녜]	eñe
O (o)	오	[오]	o
P (p)	뻬	[ㅃ]	pe
Q (q)	꾸	[ㄲ]	cu
R (r)	에레	[ㄹ]	ere
RR (rr)	에ㄹ레	[ㄹ…]	erre
S (s)	에세	[ㅅ]	ese
T (t)	떼	[ㄸ]	te
U (u)	우	[우]	u
V (v)	베(우베)	[ㅂ]	ve
W (w)	도블레우	[우]	doble
X (x)	에끼스	[ㄱㅅ, ㅅ]	equis
Y (y)	이그리에가	[이]	ye
Z (z)	쎄따	[ㅅㄷ]	zeta

참고

1. 스페인어 Alfabeto는 30개 문자로 구성된다. 그러나 최근 스페인 한림원은 CH와 LL 을 독립된 알파벳 표기로 인정하지 않기로 함으로써 사실상 총 자모의 수는 28개가 되는 셈이다.

2. ch, ll, ñ, rr는 영어에 없는 문자로서 특이한 음가를 갖고 있으며 ñ을 제외한 나머지 3개 문자는 절대 분리해서는 안 된다.

3. K와 W는 원래 스페인어에는 없는 문자로서 외래어 표현에 사용된다.

4. RR는 어두에 오는 법이 없으며 어미에 오는 법도 없다.

2 발음(Pronunciación)

스페인어 발음은 다른 외국어와는 달리 몇 개의 문자를 제외하고는 매우 쉽다. 그대로 읽으면 된다. 그러면 주의해야 할 몇 개의 문자를 살펴보도록 하자.

[C]

e와 i앞에서 [쎄], [씨], 일부지역(남미)에서는 [s]로 발음하고, a, o, u 앞에서 [까], [꼬], [꾸] 형태로 발음한다.

casa 까사   coreano 꼬레아노
escuela 에스꾸엘라   cama 까마
cenar 쎄나르   ciudad 씨우닫

[CH]

[ㅉ]와 [ㅊ] 사이의 발음이나 대게 [ㅊ] 발음을 낸다.

muchacho 무챠쵸   chile 칠레
chocolate 쵸꼴라떼   mucho 무쵸

[G]

모음 e, i 앞에서는 [ㅎ] 발음을 강하게 한다. 물론 a, o, u 앞에서는 우리말 [ㄱ]의 발음이 된다.

그러나 gue인 경우는 [게]로 gui는[기]로 발음한다.

gato 가또	agua 아구아	amigo 아미고
Argentina 아르헨띠나	gigante 히간떼	
guitarra 기따ㄹ라	guerra 게ㄹ라	

또한 gue인 경우 'u' 위에 점(··)이 찍히면 [구에]로 발음한다.

vergüenza 베르구엔사

[H]

어떠한 경우에도 발음되지 않는 무성음이다.

hoy 오이	hombre 옴브레	hablar 아블라르
ahora 아오라	hasta 아스따	

[J]

우리말의 [ㅎ]보다 강하게 배에 힘을 주어 발음한다.

caja 까하	naranja 나랑하
joven 호벤	trabajar 뜨라바하르

[LL]

스페인어에서 가장 까다로운 발음 중 하나이다.
'lla'인 경우 대개 [야]와 [쟈]의 중간 형태의 발음을 하나 지역에 따라 차이가 있다.
영어의 young의 'y' 발음. 아르헨티나, 칠레 등 몇몇 나라에서는 [ㅈ 혹은 ㅅ]처럼 발음한다.

calle 까ㅈ예	llamar ㅈ야마르
llave ㅈ야베	lluvia ㅈ유비아

[N]

우리말의 [ㄴ(니은)]과 같은 발음이나 c, g, j, q 등의 앞에 올 때는 콧소리 [ㅇ]가 난다. b, m, p, v 등의 앞에서는 [m] 발음이 나온다.

noche 노체	antes 안떼스
blanco 블랑꼬	sangre 상그레
tanque 땅께	convoy 꼼보이

[Ñ]

ña [냐], ño [뇨]로 발음한다.

    Mañana 마냐나   señor 쎄뇨르

    niño 니뇨   año 아뇨

[Q]

항상 ue 및 ui와 함께 [께], [끼]로 발음한다. 다른 문자와 합쳐지는(어울리는) 경우는 없다.

    querer 께레르   qué 께   queso 께소

    máquina 마끼나   quién 끼엔

[R]

우리말의 [라]와 같으나 단어의 첫머리에 나올 때는 [rr]로 발음한다.

    cara 까라   roca ㄹ로까   rápido ㄹ라삐도

    rico ㄹ리꼬   ropa ㄹ로빠

[RR]

단어의 어두 및 어미에 오지 않는 문자로써 혀를 굴려서 발음한다.

    arroz 아ㄹ로스   perro 빼ㄹ로

    tierra 띠에ㄹ라   correo 꼬ㄹ레오

[T]

우리말의 [ㄸ]처럼 발음한다.

    todo 또도   tarde 따르데

    trabajar 뜨라바하르

[X]

모음 앞에서는 [gs], [ks], 자음 앞에서는 [s]로 발음한다.

    examen 엑사멘   taxi 딱시   extranjero 에스뜨랑헤로

[Y]

우리말의 [예], [요]등과 비슷한 발음이다.

yo 요 　　　　　　　　 ayuda 아유다 　　　　　　　　 ayer 아예르

[Z]

중남미 지역에서는 일반적으로 [s]로 발음하나 [th]음으로 발음한다.

zapato 사빠또 　　　　　　 lápiz 라삐스 　　　　　　 azul 아술

이상과 같이 유의해야할 문자들을 살펴보았다. 그 밖에 발음상 주의할 점도 있겠으나 문제될 것은 없다고 본다. 앞으로 문장을 통해 익히도록 할 것이며 나머지 거의 대부분 문자는 그대로 발음하면 된다.

3 강세(Acento)

스페인어에 있어서 악센트는 정확하게 해야 한다. 부정확한 악센트는 전혀 다른 뜻으로 될 수도 있기 때문이다. 그러나 스페인어에 있어서 강세는 별 문제가 없다고 본다. 왜냐하면 다른 외국어와는 달리 대부분 일정한 규칙이 있기 때문이다.

1. 모음 (a, e, i, o, u)이나 n, s로 끝나는 단어일 경우에는 대개 끝에서 두 번째 음절에 강세가 있다.

za/pa/to 　　　　 jo/ven 　　　　 ar/gen/ti/na
싸 빠 또 　　　　　 호 벤 　　　　　 아르 헨 띠 나

se/ño/ra 　　　　 jue/ves 　　　　 or/den 　　　　 cam/pos
쎄 뇨 라 　　　　　 후에 베스 　　　　 오르 덴 　　　　 깜 뽀스

2. 위와는 반대로 모음과 n, s를 제외한 모든 자음으로 끝나는 단어는 마지막 음절에 강세가 온다.

ciudad 씨우닫 　　　　　 español 에스빠뇰 　　　　　 animal 아니말
mujer 무헤르 　　　　　　 estudiar 에스뚜디아르 　　　　 profesor 쁘로페소르

3. 위 두 규칙적인 것 외에 불규칙하게 강세가 오는 경우 (´) 부호로써 그 위치를 밝힌다. 부호까지 해서 하나의 단어이다.

corazón 꼬라손   árbol 아르볼

café 까페   periódico 뻬리오디꼬

☞ 그러나 어미가 −ico로 끝난 단어는 무조건 끝에서 세 번째 음절에 불규칙하게 강세가 온다.
 EJ) Simpático, México, Médico, Magnífico, etc

참고

1. 스페인어 모음 역시 영어와 마찬가지로 a, e, i, o, u (a, e, o : 강모음. i, u : 약모음) 나머지 Alfabeto는 자음이다.
2. 2중모음 : 강 + 약, 약 + 강, 약 + 약 으로 구성
   3중모음 : 약 + 강 + 약 으로 구성
   2중자음 : bl, cl, dl, fl, gl, pl, br, cr, fr, gr, pr, tr
3. 2중, 3중모음은 한 개의 모음으로 간주되어 분리되지 않는다.
4. 2중모음일지라도 약모음 위에 악센트 부호가 불규칙하게 찍혀 있으면 강모음화 되어 분리된다.
5. 2중자음과 ch, ll, rr는 분리되지 않는다.

4 명사

1. 명사의 성
   ① 女 : 대체적으로 어미가 a, d, z, ie, ción, sión, tión, umbre로 끝나는 단어는 여성명사이다.
    EJ) casa, pared, luz, ciudad, estación, costumbre, etc.

   男 : 'o'를 비롯해서 나머지는 남성 명사이다.
    EJ) libro, papel, traje, etc.

   ② 사람, 동물의 성은 자연 원래의 성에 따라 문법의 성도 일치한다.
    EJ) mujer 여자   hombre 남자

madre 어머니   padre 아버지

③ 남성 여성 공통으로 쓰이는 명사로 '-ista'로 끝나는 단어이며, 관사로 구분한다.
   EJ) pianista 피아니스트   periodista 신문기자
   turista 관광객   cliente 고객
   testigo 증인   deportista 운동선수

④ 성 전환 방법 : 일반적으로 'o'로 끝나는 단어는 'a'로 바뀌면서 여성명사로 된다.
   EJ) amigo 남자친구   →   amiga 여자친구
   niño 남자아이   →   niña 여자아이
   hijo 아들   →   hija 딸
   muchacho 소년   →   muchacha 소녀
   abuelo 할아버지   →   abuela 할머니
   novio 남자애인   →   novia 여자애인

⑤ 불규칙 : mano(손)는 어미가 'o'로 끝나지만 여성이고, día는 어미가 'a'로 끝나지만 남성이
   다. 몇 개의 불규칙을 정리하면 다음과 같다.

남성 어미로 자주 쓰이는 여성명사			여성 어미로 자주 쓰이는 남성명사		
(la)	foto	사진	(el)	mapa	지도
(la)	flor	꽃	(el)	lápiz	연필
(la)	calle	길, 거리	(el)	arroz	쌀
(la)	clase	반, 수업	(el)	idioma	언어
(la)	tarde	오후	(el)	sistema	제도
(la)	noche	밤	(el)	tema	주제
(la)	gente	사람	(el)	programa	문제

5 관사

성＼수	단수	복수
男	el	los
女	la	las

EJ)　el libro 　　→ 　　los libros

　　　 la casa 　　→ 　　las casas

성　　　수	단수	복수
男	un	unos
女	una	unas

EJ) un libro 　　　　→ 　　　　unos libros

　　　una casa 　　　　→ 　　　　unas casas

주의 명사와 관사는 성 · 수 일치

libro (책)은 남성 명사이므로 그에 걸맞은 남성 정관사 el을, libros가 복수이면 el의 복수형 los를. 그리고 casa (집)이 여성 명사이므로 여성 정관사 la를, casas가 복수이므로 las를 써야한다. 이와 같이 명사와 관사는 성 · 수 일치한다.

6 주격 인칭 대명사

	단수(s)		복수(p)	
1인칭	Yo	나	Nosotros(as)	우리들
2인칭	Tú	너	Vosotros(as)	너희들
3인칭	El	그	Ellos	그들
	Ella	그녀	Ellas	그녀들
	Usted	당신	Ustedes	당신들

참고

Usted, Ustedes는 약자로 Ud. Uds.로 나타내며 실제로는 상대방 즉 2인칭을 나타내는 동사활용형이 3인칭과 똑같은 형태변화를 하므로 문법적으로 3인칭으로 취급한다.

7 동사

동사를 정복하는 것은 스페인어를 정복한다고 할 정도로 중요한 것이다. 어미가 -ar형, -er형, -ir형 (편의상 1, 2, 3 변화동사) 3가지로 나뉜다. 이러한 동사는 주어가 누구인가(인칭 대명사)에 따라 어미가 변한다. 5-7과에 자세히 제시되어 있다.

ar형 동사는 행위자, 즉 주어가 누구냐에 따라 **어미-ar** 가 생략되고

S 단수	P 복수
-o	-amos
-as	-áis
-a	-an

으로 변한다.

er형도 마찬가지로, 주어에 따라 **어미-er** 가 생략되고

S	P
-o	-emos
-es	-éis
-e	-en

으로 변한다.

ir형도 주어에 따라 **어미-ir** 가 생략되고

S	P
-o	-imos
-es	-ís
-e	-en

으로 변한다.

이 외 ser와 estar 동사가 있는데, 이는 영어의 be 동사에 해당하는 동사로 불규칙하게 변하니 철저히 암기하기를 바란다. 용법은 본문 1~4과에서 자세하게 다루기로 한다.

8 형용사

스페인어의 형용사는 크게 품질형용사와 한정형용사(지시, 소유, 의문, 부정, 수)로 나뉘는데 대부분의 형용사는 품질형용사이고, 위치는 일반적으로 명사 뒤에 놓인다. 형용사는 수식받는 명사의 성·수에 일치한다. 즉, 모든 '-o'로 끝난 형용사는 수식받는 명사가 여성일 때 '-a'로 바뀌며 명사가 복수이면 수식하는 형용사도 무조건 복수 형태를 취한다. 또한 형용사가 주격보어로 쓰일 때도 주어의 성·수에 일치한다. 자세한 설명은 각과에 해당하는 문법도해에서 설명하기로 하자!

형용사의 위치

① 한정 형용사: 한정 형용사는 명사의 앞에 위치한다.

• 지시 형용사: este libro 이 책

esta casa 이 집

• 소유 형용사: mi corbata 나의 넥타이

tu hermano 너의 형제

su madre 당신의, 그의, 그녀의 어머니

• 수 형용사: dos libros 두 권의 책

tres mesas 3개의 탁자

• 의문 형용사: ¿Cuál lección estudia usted?

당신은 어느 학과를 전공하십니까?

¿Cuántos libros tiene usted?

당신은 몇권의 책을 가지고 있습니까?

• 부정 형용사: Hay muchos libros.

많은 책들이 있습니다.

Tengo otra corbata en mi casa.

나는 집에 또 다른 넥타이가 있습니다.

② **품질 형용사:** 품질 형용사는 명사의 뒤에 위치한다. (대부분 형용사)
• el libro interesante   재미있는 책
• la casa bonita   예쁜 집

Lesson 1. ¿Cómo te llamas?

1과의 핵심 내용

1. 이름을 묻고 답하는 표현

2. 직업, 국적, 성품, 외모를 나타내는
   ser의 단수형

3. 오전, 오후, 밤 인사말 및 처음 만났을
   때 인사표현

4. 지시 대명사 (남, 여성)

1 ¿Cómo te llamas?

Bárbara : —Buenas tardes.
　　　　　¿Es ésta la Escuela de Idiomas?

Carlo : —Sí. ¿Eres estudiante de español?

Bárbara : —Sí. ¿Y tú?

Carlo : —Yo también soy estudiante de español.
　　　　　Me llamo Carlo.
　　　　　Y tú, ¿cómo te llamas?

Bárbara : —Me llamo Bárbara.

Carlo : —Este es Klaus.
　　　　　También es estudiante.
　　　　　Es alemán.

Klaus : —Mucho gusto.

Bárbara : —Encantada.

1 네 이름은 뭐니?

Bárbara : __안녕 (오후 인사), 이곳이 어학원이야?

Carlo : __그래. 넌 스페인어반 학생이니?

Bárbara : __그래. 그런데 넌?

Carlo : __나 역시 스페인어반 학생이야.
내 이름은 Carlo인데, 넌 이름이 뭐니?

Bárbara : __내 이름은 Bárbara야.

Carlo : __얘는 Klaus야.
역시 학생이지. 독일 사람이야.

Klaus : __만나서 반갑구나.

Bárbara : __나도 반가워.

단어 및 보충 해설

새로 나온 단어

cómo *adv.* 어떻게	y *conj.* 와(과), 그리고
llamar *tr.* 부르다, 전화를 걸다	la 여성 단수명사에 붙는 정관사
ésta *pron.* 이곳, 이것	de *prep.* ∼의
escuela *f.* 학교, 교육	sí *adv.* 예, 그렇습니다
idioma *m.* 언어, 국어, 말씨	español 스페인어, 스페인사람
estudiante *m, f.* 학생, 연구자	también *adv.* (…도) 또한 (…하다), 역시

표현 연습

1. 이름을 묻는 표현

A: ¿Cómo te llamas? 네 이름은 어떻게되니? (네 이름은 뭐니?)
B: Me llamo Carlos. 내 이름은 까를로스야.

위 표현은 보통 17세 이하의 청소년들이 사용하는 표현이다.

cf) 성인들이 사용하는 이름을 묻는 표현은 아래와 같다.

¿Como se llama ud? 성함이 어떻게 되십니까?

Me llamo José. 제 이름은 호세입니다.

2. 만날 때 하는 인사

스페인어에는 오전, 오후, 밤 인사의 표현이 모두 다르다. 각각의 표현을 알아보자.

Buenos días. 오전인사
Buenas tardes. 오후인사
Buenas noches. 밤인사

만나서 반갑다는 인사에도 남성과 여성에 따라 다르게 대답하기도 한다.

A: Mucho gusto. 만나서 반갑습니다.
B: Encantado – 남자의 경우
　Encantada – 여자인 경우 ┐ 반갑습니다. 혹은 El gusto es mío 로도 표현
　Igualmente – 남녀공용

Esquema gramatical 문법 도해

Ser 동사는 불규칙 동사로 주어의 본질(외모나 성격), 직업, 국적을 나타낸다. 1과에서는 각 인칭의 단수변화를 살피고 복수변화는 2과에서 다루도록 하겠다.

그럼 예문을 통해 ser 동사의 용법에 대해 자세히 살펴보도록 하자.

주어(주격 인칭대명사)		ser 동사	보어
(Yo)	나	Soy	
(Tú)	너	Eres	estudiante
(Él, Ella Usted)	그, 그녀, 당신	Es	

Ser 동사의 용법

Ser ～이다 [(본질) : 직업, 신분, 국적, 종교]

1) 본질 사람의(외모, 성품)

   EJ) • Ella es María.
   그녀는 마리아이다.

   • María es simpática.
   마리아는 친절한 사람이다.

   • Juan es alto.
   환은 키카 크다.

2) 직업

   EJ) • Yo soy estudiante.
   나는 학생이다.

   • Juan es médico.
   후안은 의사이다.

   • Ella es enfermera.
   그녀는 간호사이다.

3) 국적

   EJ) • Yo soy coreano.
   나는 한국 사람이다.

   • ¿Eres japonés?
   너는 일본 사람이니?

Practique 연습해 보아요

I 인칭에 따라 ser 동사를 보기와 같이 변형 하세요.

보기 **Bárbara.** 바르바라 · —**Bárbara es estudiante.** 바르바라는 학생입니다.

1. tú. · —_____

2. Carlo. · —_____

3. yo. · —_____

4. él. · —_____

5. Klaus. · —_____

6. ella. · —_____

II 보기와 같이 물음에 답하세요.

보기 **¿Eres estudiante?** 넌 학생이니? · —**Sí, soy estudiante.** 그래, 난 학생이야.

1. ¿Eres español? · —_____

2. ¿Eres Bárbara? · —_____

3. ¿Eres Klaus? · —_____

4. ¿Eres alemán? · —_____

5. ¿Eres Carlo? · —_____

6. ¿Eres estudiante de español? · —_____

Amplíe 활용해 보아요

해석 P294

Ser동사의 활용법을 익혀 보세요.

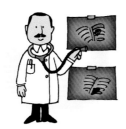

1. **Carlos** es **médico**.

2. **Manuel es ingeniero.**

3. **Pedro** es **profesor.**

4. **Antonio** es **alumno**.

5. **Miguel** es **arquitecto**.

6. **María** es **secretaria**.

7. **Carmen** es **enfermera**.

8. **Luis** es **peluquero**.

새로 나온 단어

médico 의사	ingeniero 기술자	profesor 교수	alumno 학생
arquitecto 건축가	secretaria 비서	enfermera 간호사	peluquero 이발사

Practique 연습해 보아요

I 보기와 같이 물음에 답하세요.

> **보기** ¿Es Bárbara estudiante?   · —Sí, es estudiante.
> 바르바라는 학생입니까?   예, 학생입니다.

1. ¿Es Carlos médico?   · —_____
2. ¿Es Manuel ingeniero?   · —_____
3. ¿Es Pedro profesor?   · —_____
4. ¿Es Antonio alumno?   · —_____
5. ¿Es Miguel arquitecto?   · —_____
6. ¿Es María secretaria?   · —_____
7. ¿Es Carmen enfermera?   · —_____
8. ¿Es Luis peluquero?   · —_____

II 보기와 같이 활용하세요.

> **보기** Bárbara. 바르바라   · —¿Eres Bárbara? 넌 바르바라니?

1. Carlo.   · —_____
2. Klaus.   · —_____
3. Pedro.   · —_____
4. Antonio.   · —_____
5. Miguel.   · —_____
6. María.   · —_____
7. Carlos.   · —_____
8. Carmen.   · —_____

III *Practíquese en la clase:* (강의실에서 실습하세요!)

A. Éste es José. 얘가 호세야.

B. Mucho gusto. 만나서 반가워요.

C. Encantado(a) 처음 뵙겠습니다. (만나서 반갑습니다.)
   ** igualmente 로도 사용

Hable 말해 보아요

국적에 따른 Ser동사의 활용법을 익혀보세요.

Yo _____ ruso.

Tú _____ español.

Él _____ alemán.

Carlos _____ italiano.

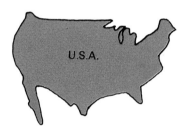

María _____ americana.

Yo _____ inglés.

Antonio _____ francés.

Tú _____ holandés.

새로 나온 단어

ruso 러시아 사람   americana 아메리카 사람   español 스페인 사람   inglés 영국 사람
alemán 독일 사람   francés 프랑스 사람   italiano 이탈리아 사람   holandés 네덜란드 사람

Recuerde 기억해요

I ¿Cómo te llamas?　　　　ME LLAMO _____

네 이름은 뭐니?　　　　　　내 이름은 _____ 야.

　　¿Cómo te llamas?　　　　· —Me llamo Bárbara.

1. _____ · —_____ Carlo.

2. _____ · —_____ Klaus.

3. _____ · —_____ María.

4. _____ · —_____ Antonio.

5. _____ · —_____ Miguel.

6. _____ · —_____ Carlos.

7. _____ · —_____ Carmen.

8. _____ · —_____ Pedro.

II 지시대명사 남, 여성 활용을 연습하시오.

ÉSTE es _____　　　　ÉSTA es _____

이사람(남성)은 _____ 이다.　　이사람(여성)은 _____ 이다.

　　Pedro. 남자 이름　　　　· —Éste es Pedro.

1. Carlo.　　　· —_____

2. Klaus.　　　· —_____

3. Antonio.　　· —_____

4. Bárbara.　　· —_____

5. Carlos.　　　· —_____

6. Andrés.　　　· —_____

7. Carmen.　　　· —_____

8. María.　　　· —_____

Situación 상황 I

Práctica oral: *Imagine un diálogo.* 회화 실습: 대화를 상상해 보아요.

1.

— _____
— _____

2.

— _____
— _____

3.

— _____
— _____

4.

— _____
— _____

Lesson 2. ¿De dónde eres?

2과의 핵심 내용

1. 출신을 나타내는 ser de 의 용법
   Ser de~ : ～의 출신이다
2. 명사의 성 과 관사(정관사 · 부정관사)
   의 성 · 수 일치

2 ¿De dónde eres?

Carlo: —Éste es el bar de la Escuela.
Es grande y agradable.
Aquél es el camarero.
Es muy simpático.

Ramón: —Buenas tardes. ¿Qué desean?

Carlo: —Yo, un café.

Klaus: —Y yo una cerveza.
¿También es estudiante aquel señor?

Carlo: —No, no es estudiante. Es profesor.
Y las chicas son secretarias de la Escuela.

¡Mira! ¡Dos estudiantes nuevos!

Carlo y
Klaus: —¡Hola! ¿También sois estudiantes ex-
tranjeros?

John: —Sí. Somos americanos. Yo soy de
Florida.

David: —Yo de California.
Y vosotros, ¿de dónde sois?

Carlo: —Yo soy italiano.

Klaus: —Y yo alemán.

2 너는 어디 출신이니?

Carlo: ＿이 곳이 학교의 매점(바)이야.
크고, 쾌적하지.
저 사람은 종업원이고 매우 친절해.

Ramón: ＿안녕하세요.(오후인사) 뭘 원하세요?

Carlo: ＿난, 커피 한 잔이요

Klaus: ＿그리고 난 맥주 한 잔이요.
저 분 역시 학생이야?

Carlo: ＿아니야. 학생이 아니고, 교수님이야.
그리고 아가씨들은 학교의 직원들이야.

저기 봐! 두 명의 신입생들.

Carlo y

Klaus: ＿안녕! 너희들(은) 역시 외국 학생들이니?

John: ＿그래, 우리는 미국 사람이야.
나는 플로리다 출신이야.

David: ＿나는 캘리포니아 출신이지.
너희들은 어디 출신이니?

Carlo: ＿나는 이탈리아 사람이야.

Klaus: ＿그리고 나는 독일 사람이야.

단어 및 보충 해설

새로 나온 단어

de *prep.* [기점, 출처] …에서부터, …로부터, …태생의

dónde *adv.* 어디(에, 에서)

el *ant.* 정관사, 남성 단수형

grande *adj.* 커다란, 위대한

aquél *pron.* 저, 저사람

muy *adv.* 대단히,

qué *pron.* (사물, 사람에 관한 의문어) 무엇, 무슨 *adj.* 무엇…, 어떤, 얼마 만큼의

desear *tr.* 원하다, 탐내다 (desean은 desear의 변화형)

café *m.* 커피, 커피숍, 다방

señor *adj.* …님, 귀하, 씨, 군 *m.* 신사

secretaria *f.* 비서(관), 서기관

mira *v.* 저기봐(mirar의 2인칭 명령형)

nuevo *adj.* 새로운

¡Hola! *interj.* 안녕?

California 캘리포니아

bar *m.* 바, 술집, 주점

agradable *adj.* 즐거운, 유쾌한, 쾌적한

camarero *m.* (여관, 식당에 종사하는) 종업원

simpático *adj.* 호감이 가는, 느낌이 좋은, 친절한

cerveza f. 맥주

chica *adj.* 작은, 어린, *f.* 여자 어린이

dos *adj.* 2의

extranjero *adj.* 외국의 *m.f.* 외국인 *m.* 외국

Florida 플로리다

Esquema gramatical 문법 도해 I

Ser 동사는 불규칙 동사로 주어의 본질, 직업, 출신(국적)을 나타낸다.
1과에서 살핀 ser 동사 단수 변형과 함께 복수일때 ser 동사의 변형에 대해 알아보자.

	주어(주격 인칭대명사)		ser 동사	보어
단수	(Yo) (Tú) (Él, Ella, Usted)	나 너 그, 그녀, 당신	SOY ERES ES	italiano
복수	(Nosotros) (Vosotros) (Ellos, Ellas, Ustedes)	우리들 너희들 그들, 그녀들, 당신들	SOMOS SOIS SON	italianos

＊표에서 보는 바와 같이 주격 주어가 복수이면 보어도 복수 형태로 변화하게 된다.

＊Ser de 의 용법

Ser de 주어의 출신, 소유, 제품 및 재료를 나타냅니다.

(a) 출신

Ej) • ¿De dónde es Ud.?
당신은 어느 나라 사람인가요?

• Yo soy de Corea.
(저는) 한국 출신입니다.

(b) 소유

Ej) • La casa es de mi papá.
그 집은 나의 아빠의 것이다.

(c) 성분(재료, 제품)

Ej) • Ests abrigo es de piel de visón.
이 외투는 밍크 모피로 된 것이다.

** abrigo *m.* 외투

piel *f.* 가죽, 모피; 피부

visón *m.* 밍크

Practique 연습해 보아요

Ⅰ 인칭에 따라 ser 동사를 보기와 같이 변형 하세요.

보기 **(yo) soy italiano.**　　　*nosotros* · **—Somos italianos.**
　　　(나는) 이탈리아 사람이다.　　　　　　　(우리는) 이탈리아 사람이다.

1. (tú) eres americano.　　　*vosotros* · —_____

2. (él) es camarero.　　　*ellos* · —_____

3. (yo) soy italiano.　　　*vosotros* · —_____

4. (él) es simpático.　　　*tú* · —_____

5. (tú) eres médico.　　　*ellos* · —_____

6. (yo) soy arquitecto.　　　*él* · —_____

7. (nosotros) somos peluqueros.　　　*yo* · —_____

8. (ellos) son ingenieros.　　　*él* · —_____

Amplíe 활용해 보아요

해석 P294

El **café** es **barato**.

El **jerez** es **caro**.

Pedro es **alto**.

Miguel es **bajo**.

El **sombrero** es **viejo**.

El **libro** es **nuevo**.

El **vino** es **bueno**.

El **perro** es **malo**.

El **médico** es **gordo**.

El **camarero** es **delgado**.

새로 나온 단어

barato 싼	↔ caro 비싼	alto 키가 큰	↔ bajo 작은
viejo 오래된, 낡은	↔ nuevo 새로운	bueno 좋은	↔ malo 나쁜
gordo 뚱뚱한	↔ delgado 날씬한	jerez 스페인 남서부 도시 이름으로 jerez 포도주로	
perro *m.* 개		유명	

Hable 말해 보아요

그림을 보고 보기처럼 직업이나 국적을 나타내는 Ser동사를 활용해 말해 보세요.

 Soy español

No soy español

—¿Eres español o americano?
넌 스페인 사람이니 혹은 아메리카 사람이니?

—No soy español. Soy americano.
난 스페인 사람이 아니라, 아메리카 사람이야.

—¿Es Luis italiano o español?

—_____

—¿Sois españoles o rusos?
너희들은 스페인 사람이니 러시아 사람이니?

—_____

—¿Son alumnos o camareros?

—_____

—¿Es médico o arquitecto?
당신은 의사입니까 건축가입니까?

—_____

—¿Es francés o alemán?

—_____

—¿Sois enfermeras o secretarias?
너희들은 간호사니 비서니?

—_____

—¿Somos profesores o estudiantes?

—_____

Esquema gramatical 문법 도해 II

관사는 앞서 기본 문법 사항에서 간단히 살펴보았다.
스페인어 관사는 정관사와 부정관사 두 종류가 있다. 관사는 명사의 성, 수와 일치시켜 사용한다.
명사가 복수형이 되면 관사도 복수형을 취한다.

		단수		복수		
남성	정관사	EL	librO	LOS	librOS	전치사 a + el →축약형 al
	부정관사	UN		UNOS		전치사 de + el →축약형 del
여성	정관사	LA	casA	LAS	casAS	
	부정관사	UNA		UNAS		

관사

(1) 정관사

1) 정관사의 사용

① 일반적인 관념하에 쓰이는 모든 명사
② 언어의 명칭
③ 존칭어

2) 정관사의 생략

① hablar(말하다) 동사 직후에 언어명칭이 오면 관사를 생략하나, 그 사이에 부사가 오면 정관사를 다시 사용한다.

EJ) Usted habla español. 당신은 스페인어를 말합니다.

Usted habla bien el español. 당신은 스페인어를 잘 말합니다.

*bien *adj.* 잘, 훌륭한, 능란하게 꽤

② 전치사 de, en con 다음에 명사가 와서 품질 형용사 및 부사구의 역할을 할 때 생략한다.

EJ) la clase de español 스페인어과

Hablo en español. 나는 스페인어로 말한다.

el café con leche 밀크커피

(2) 부정관사

1) 용법

① 직업, 국적을 나타내는 명사가 ser동사의 보어가 될 때 생략한다.

EJ)

＊주의: 직업, 국적을 수식하는 형용사가 있을 때는 부정관사를 사용한다.

EJ)

uno

LA casa. (여성 정관사 – 단수)
UNA casa. (여성 부정관사 – 단수)

dos

EL libro. (남성 정관사 – 단수)
UN libro. (남성 부정관사 – 단수)

tres

LAS enfermeras. (여성 정관사 – 복수)
UNAS enfermeras. (여성 부정관사 – 복수)

cuatro

LOS médicos. (남성 정관사 – 복수)
UNOS médicos. (남성 부정관사 – 복수)

[**Pratique** 연습해 보아요]

Complete con «**el**» *o* «**la**». 《el》이나 혹은 《la》로 빈칸을 채워보세요.

_____ médico.	_____ camarero.
_____ bar.	_____ enfermera.
_____ señor.	_____ casa.
_____ mesa.	_____ profesor.
_____ peluquero.	_____ arquitecto.
_____ libro.	_____ estudiante.
_____ señorita.	_____ secretaria.

Observe 관찰하세요 ☞ (4과 문법도해 II 참고)

ESTE libro. 이 책

AQUEL libro. 저 책

ESTA mesa. 이 테이블

AQUELLA mesa. 저 테이블

[Practique 연습해 보아요]

	ESTE	**librO**	**es nuevO**
보기	이	책은	새 것이다

Este vino es bueno.
이 포도주는 좋다.

· —**Aquel vino también es bueno.**
저 포도주도 역시 좋다.

1. Este camarero es simpático. · —_____

2. Este médico es gordo. · —_____

3. Este sombrero es viejo. · —_____

4. Este profesor es delgado. · —_____

5. Este libro es nuevo. · —_____

6. Este señor es italiano. · —_____

7. Este estudiante es extranjero. · —_____

45

Practique 연습해 보아요

형용사도 성, 수가 변화한다. 간단히 살펴보자.

주어가 여성일 때 어미가 "o"로 끝나는 형용사는 어미가 "a"로 바뀐다.

estA casA es nuevA

 p71 참조

Esta casa es nueva.
이 집은 새 집이다.

· —**Aquella casa también es nueva.**
저 집 역시 새 집이다.

1. Esta enfermera es alta.   · —_____

2. Esta mesa es baja.   · —_____

3. Esta casa es vieja.   · —_____

4. Esta secretaria es simpática.   · —_____

5. Esta Escuela es nueva.   · —_____

6. Esta chica es italiana.   · —_____

7. Esta señorita es francesa.   · —_____

8. Esta alumna es alta.   · —_____

[Recuerde 기억해요]

Soy español.
나는 스페인 사람이다

· — **Soy de España.**
나는 스페인 출신이다.

p39 참조

1. Soy alemán.   · —_____

2. Soy francés.   · —_____

3. Soy italiano.   · —_____

4. Soy inglés.   · —_____

5. Soy holandés.   · —_____

6. Soy americano.   · —_____

7. Soy ruso.   · —_____

Situación 상황 II

Práctica oral: *Imagine un diálogo.* 회화 실습: 대화를 상상해 보아요.

1.

— _____

— _____

2.

— _____

— _____

3.

— _____

— _____

4.

— _____

— _____

Lesson 3. ¿Cómo es?

3과의 핵심 내용

1. 위치와 장소를 나타내는 estar 용법

2. 방향과 장소를 나타내는 전치사구 및 Hay의 용법

3 ¿Cómo es?

Antonio : —¿Es ésta la casa de Juan?

Bárbara : —No, ésta no es.

Antonio : —¿Dónde está?

Bárbara : —Está en la calle del Pino.
Es la próxima calle a la derecha.

Antonio : —¿Cómo es la casa?

Bárbara : —Es un edificio antiguo. Delante de
la casa hay un jardín. Es pequeño.
En el jardín hay un árbol. Está en
el centro. También hay un banco.
Está debajo del árbol. Sobre la
puerta hay un balcón. En el balcón
hay muchas plantas.

Antonio : —Entonces, ¿es aquélla?

Bárbara : —Sí. Delante de la puerta está la
madre de Juan.

Antonio : —Buenos días, señora.
¿Está Juan en casa?

Señora : —Sí, está con los niños. Están en el
patio, detrás de la casa.

3 어떻습니까?

Antonio : ＿이곳이 후안의 집인가요?

Bárbara : ＿아니요. 이곳이 아닙니다.

Antonio : ＿어디에 있습니까?

Bárbara : ＿Pino 거리에 있어요.
오른쪽으로 인접한 거리입니다.

Antonio : ＿그 집은 어떻습니까?

Bárbara : ＿오래된 건물입니다. 집 정면에는 정원이 있는데, 조그맣습니다. 정원에는 한
그루의 나무가 있어요. (정원)중앙에 위치하고 있어요. 역시 벤치 하나가 있고
나무 아래에 있습니다. 문 위에는 발코니가 있고 많은 식물들이 있지요.

Antonio : ＿그렇다면 저곳(집) 입니까?

Bárbara : ＿네. 문 앞에는 후안의 어머니가 계시네요.

Antonio : ＿안녕하세요, 부인.
집에 후안 있어요?

Señora : ＿그래, 애들과 함께 있어.
(그들은) 집 뒤편 뜰에 있어.

단어 및 보충 해설

새로 나온 단어

casa *f.* 집
calle *f.* 길, 거리
edificio *m.* 건물
antiguo *adj.* 오래된
hay *v.* ~있다, 영어의 There is(are)에 해당
jardín *m.* 정원
pequeño *adj.* 조그만한 ≠ grande 큰
árbol *m.* 나무
centro *m.* 중앙, 중심가

banco *m.* 벤치, 은행
puerta *f.* 문
balcón *m.* 발코니
mucho(a) *adv.*, *adj.* 많은
planta *f.* 식물
Entonces *adv.* 그렇다면
madre *f.* 어머니 ≠ padre *m.* 아버지
niños *m.* 아이들
patio *m.* 뜰, 안마당

관용어구

próxima calle 인접한 거리(다음거리)
a la derecha 오른쪽으로 ≠ a la izquierda 왼쪽으로
delante de ~ ~의 정면에 ≠ detrás de ~ ~의 뒤편에
debajo de~ ~의 아래에 ≠ sobre~, encima de ~의 위에

Esquema gramatical 문법 도해 I

Estar의 용법

Estar ~있다 [(상태) : a. 위치, b. 안부]
Estar 동사 불규칙으로 암기하시오.

단수	1인칭	(Yo)	나	ESTOY	cansado bien
	2인칭	(Tú)	너	ESTÁS	
	3인칭	(Él, Ella) (Usted)	그, 그녀 당신	ESTÁ	
복수	1인칭	(Nosotros)	우리들	ESTAMOS	cansados bien
	2인칭	(Vosotros)	너희들	ESTÁIS	
	3인칭	(Ellos, Ellas) Ustedes	그들, 그녀들 당신들	ESTÁN	

1) 위치

EJ) • ¿Dónde está el libro?
그 책이 어디에 있나요?

• El libro está sobre la mesa.
그 책은 책상 위에 있습니다.

2) 안부

EJ) • ¿Cómo está usted? 잘 지내시죠?

• Yo estoy muy bien, gracias. ¿Y Ud.? 잘 지냅니다. 감사합니다. 당신은요?

3) 주어의 일시적인 상태(컨디션)

EJ) • Juan está enfermo. 환은 아프다.

• Luis está resfriado. 루이스는 감기 걸렸다.

참고

Estar + 과거분사 (영어의 be + p.p)   ☞ p250 참조

- ar ← ado(a)s ┐
- er   ┤← ido(a)s ┘ 과거분사
- ir

La ventana está cerrada. 창문은 닫혀졌다.

Practique 연습해 보아요

I 보기와 같이 질문에 답하세요.

> **보기** ¿Cómo está Luis?   · —Luis está bien.
> 루이스는 어떻게 있습니까?   루이스는 잘 있습니다.

1.¿Y tú?   · —_____

2. ¿Y los niños?.   · —_____

3. ¿Y María?   · —_____

4. ¿Y vosotros?   · —_____

5. ¿Y Pedro y Antonio?   · —_____

6. ¿Y José?   · —_____

7. ¿Y ellos?   · —_____

8. ¿Y ella?   · —_____

II 보기와 같이 질문에 답하세요.

> **보기** ¿Cómo estás? *enfermo.*   · —Estoy enfermo.
> 안녕?   나 아파.

1. ¿Cómo está ella? *bien.*   · —_____

2. ¿Cómo estáis vosotros? *cansados.*   · —_____

3. ¿Cómo están ellos? *resfriados.*   · —_____

4. ¿Cómo estás? *enfermo.*   · —_____

5. ¿Cómo está Juan? *cómodo.*   · —_____

6. ¿Cómo está la habitación? *desordenada.*   · —_____

7. ¿Cómo está la ventana? *cerrada.*   · —_____

8. ¿Cómo estáis? *bien.*   · —_____

Amplíe 활용해 보아요

본문에 나오는 방향과 장소(위치)를 나타내는 표현을 익히세요.

uno(1)

En el **jardín hay** un **árbol**.
El árbol está en el jardín.

dos(2)

Sobre la **mesa hay** una **botella**.
La botella está sobre la mesa.

tres(3)

Delante del hospital hay una **ambulancia**.
La ambulancia está delante del hospital.

cuatro(4)

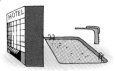

Detrás del hotel hay una **piscina**.
La piscina está detrás del hotel.

cinco(5)

Debajo del árbol hay un **banco**.
El banco está debajo del árbol.

seis(6)

Al lado del hotel hay un **teatro**.
El teatro está al lado del hotel.

siete(7)

A la derecha hay un **cine**.
El cine está a la derecha.

ocho(8)

A la izquierda hay una **cafetería**.
La cafetería está a la izquierda.

nueve(9)

En la **plaza** hay una **iglesia**.
La iglesia está en la plaza.

diez(10)

Al lado de la iglesia hay un Banco.
El Banco está al lado de la iglesia.

55

Hable 말해 보아요 그림을 보고 보기와 같이 전치사구를 사용해 말해 보세요.

그림을 보고 보기와 같이 방향과 장소(위치)를 나타내는 전치사구를 사용해 말해 보세요.

보기

ESTÁ   ESTÁN

El libro está sobre la mesa.
책은 테이블 위에 있다.

_____ al lado de _____   _____

_____ delante de _____   _____

_____ debajo del _____   _____

_____ a la izquierda _____   _____

_____ detrás de _____   _____

위치를 나타내는 표현

al lado de- ~옆에   delante de- ~정면에   debajo de - ~아래에
a la izquierda - ~왼쪽에   detras de - ~뒷편에

Practique 연습해 보아요

I 보기와 같이 질문에 답하세요.

> **보기** ¿Dónde está Juan? *en casa.* · —Juan está en casa.
> 환은 어디 있습니까? 환은 집에 있습니다.

1. ¿Dónde está Luis? *en la oficina.* · —_____

2. ¿_____ María? *en el jardín.* · —_____

3. ¿_____ Antonio? *en el hotel.* · —_____

4. ¿_____ José? *en la piscina.* · —_____

5. ¿_____ el médico? *en el hospital.* · —_____

6. ¿_____ el profesor? *en la escuela.* · —_____

7. ¿_____ el camarero? *en el bar.* · —_____

8. ¿_____ el peluquero? *en la peluquería.* · —_____

Nota especial

축약형 (전치사 a + el → al)	축약형 (전치사 de + el → del)

II 보기와 같이 질문에 답하세요.

> **보기** ¿Dónde está el árbol? *en el centro.* · —El árbol está en el centro.
> 그 나무는 어디 있습니까? 그 나무는 중앙에 있습니다.

1. ¿Dónde está el diccionario? *sobre la mesa.* · —_____

2. ¿_____ el teatro? *al lado de la iglesia.* · —_____

3. ¿_____ el cine? *a la derecha.* · —_____

4. ¿_____ la piscina? *detrás del hotel.* · —_____

5. ¿_____ la ambulancia? *delante de la puerta.* · —_____

6. ¿_____ están los bancos? *debajo del árbol.* · —_____

7. ¿_____ las mesas? *en el centro.* · —_____

8. ¿_____ las ventanas? *a la izquierda.* · —_____

Esquema gramatical 문법 도해 Ⅱ

HAY ~ 있다	un libro unos libros

일반적으로 '특정한 사람이나 물건 등이 있다' 라는 표현은 estar 동사를 쓰지만, 특정한 것이 아니면 hay를 쓴다. 즉 그 사물이 정확히 무엇인지를 나타내지는 않는다. 단, hay를 쓸 때는 hay 다음에 나오는 명사의 정관사를 생략한다.

ej) Hay muchos libros sobre la mesa.　　책상위에는 많은 책들이 있다.

Hay un libro sobre la mesa.　　탁자에는 책이 있다.

cf) Estar 와 차이

Estar는 정확한 주어가 있어야 하지만, Hay는 특정한 주어가 필요하지 않다.
그래서 Hay랑 Estar는 뜻은 같지만, 다르게 쓰인 다는 것을 알아두어야 한다.

[Pratique 연습해 보아요]

Ⅰ 보기와 같이 질문에 답하세요.

보기 ¿Hay un árbol en el jardín?　　· —Sí, en el jardín hay un árbol.
정원에는 나무가 있나요?　　네, 정원에는 한그루의 나무가 있습니다.

1. ¿Hay un diccionario en la clase?　　· —_____

2. ¿Hay un teatro en la plaza?　　· —_____

3. ¿Hay un cine en esta calle?　　· —_____

4. ¿Hay unos gatos debajo del árbol?　　· —_____

5. ¿Hay una ambulancia en el hospital?　· —_____

6. ¿Hay unos bancos en el jardín?　　· —_____

7. ¿Hay unas mesas en el bar?　　· —_____

8. ¿Hay una ventana en la casa?　　· —_____

Ⅱ 보기와 같이 질문에 답하세요.

보기 **¿Qué hay en la plaza?**   *un hotel.*   · **—En la plaza hay un hotel.**
　　광장에는 뭐가 있나요?　　　　　　　　　광장에는 호텔이 있습니다.

1. *una iglesia.*　　　　　　　　　　· — _____

2. *un hospital.*　　　　　　　　　　· — _____

3. *un teatro.*　　　　　　　　　　　· — _____

4. *una cafetería.*　　　　　　　　　· — _____

5. *unos bancos.*　　　　　　　　　· — _____

6. *unos árboles.*　　　　　　　　　· — _____

7. *un cine.*　　　　　　　　　　　　· — _____

8. *unas escuelas.*　　　　　　　　　· — _____

Recuerde 기억해요

I 보기와 같은 형태로 변화시켜 보세요.

보기 **¿CÓMO** ES LA CASA? 그 집은 어떻습니까?

puerta. 문   **¿Cómo es la puerta?** 그 문은 어떻습니까?

1. *jardín.*   · —_____

2. *árbol.*   · —_____

3. *enfermera.*   · —_____

4. *patio*   · —_____

5. *calle.*   · —_____

6. *iglesia.*   · —_____

7. *hospital.*   · —_____

8. *hotel.*   · —_____

II 보기와 같은 형태로 변화시켜 보세요.

보기 **¿DONDE** ESTÁ _____? ~은(는) 어디 있습니까?

el libro. 책   **¿Dónde está el libro?** 그 책은 어디 있습니까?

1. *el médico.*   · —_____

2. *el gato.*   · —_____

3. *el hotel.*   · —_____

4. *la puerta.*   · —_____

5. *el banco.*   · —_____

6. *la ambulancia.*   · —_____

7. *la mesa.*   · —_____

8. *la clase.*   · —_____

Situación 상황 III

Práctica oral: *Describa el dibujo siguiente.* 회화 실습: 다음 그림을 묘사하세요.

Lesson 4. ¿Cómo está?

4과의 핵심 내용

1. 주어의 컨디션을 나타내는 estar의
   용법 및 estar + 과거분사 표현

2. ser 와 estar 의 차이

3. 지시형용사 및 대명사

4 ¿Cómo está?

Bárbara : —Buenos días. ¿Está Juan en casa?

Madre : —Sí, está en la cama.

Carlos : —¿No está bien?

Madre : —No, está enfermo.

Carlos : —¡Hola, Juan! ¿Cómo estás?

Juan : —Estoy resfriado. Y vosotros, ¿Cómo estáis?

Bárbara : —Nosotros estamos muy bien. Hoy es fiesta y no hay clase.

¿Un cigarrillo?

Carlos : —No, gracias. El tabaco negro es muy fuerte.

Bárbara : —Esta habitación es muy agradable.

Juan : —Sí, pero soy muy perezoso y siempre está desordenada… ¡Qué calor…!

Carlos : —¡Claro! La ventana está cerrada… ¿Estás cómodo ahora?

Juan : —Sí, gracias. Estoy muy bien.

4 안녕하세요?

Bárbara : __안녕하세요(오후 인사). 집에 후안 있어요?

Madre : __그래. 침대에 있어.

Carlos : __몸이 좋지 않아요?

Madre : __그래. 아프단다.

Carlos : __하이. 후안! 안녕?

Juan : __나 감기에 걸렸어. 그런데 너희들은 어떠니?

Bárbara : __우리들은 매우 좋아. 오늘은 축제(날)야. 그래서 수업이 없어.

　　　　　　　담배 (피울거니)?

Carlos : __아니야. 고마워. 궐련은 매우 독해.

Bárbara : __이 방은 매우 쾌적하구나.

Juan : __그래. 그러나 나는 매우 게을러서 항상 무질서 해(지저분해)…
　　　　　어휴 더워!

Carlos : __그렇군! 창문이 닫혀 졌어…
　　　　　이제 상쾌하니?

Juan : __그래, 고마워. 난 매우 좋아.

단어 및 보충해설

새로 나온 단어

la cama *f.* 침대

enferno(a) *adj.* 아픈

hoy *adj.* 오늘

fiesta *f.* 파티, 축제

clase *f.* 수업, 반, 교실

cigarrillo 담배, 궐련 (tabaco negro *m.* 필터가 없는 독한 담배)

esta habitación 이 방

perezoso(a) *adj.* 게으른, 나태한

siempre *adj.* 늘, 항상

ventana *f.* 창문

cómodo *adj.* 안락한, 편안한

ahora *v.* 지금 (now)

gracias *f.* 고마워

claro *mt.* 물론 영어의 sure에 해당

관용어구

estoy resfriado 감기에 걸리다 (=coger un resfriado, tener un resfriado)

muy fuerte 매우 강한, 냄새가 고약한

está desordenada 무질서하다

qué calor 어휴 더워 ≠ qué frío 어휴 추워

está cerrada 닫혀있다

Esquema gramatical 문법 도해 I

estar 동사

사물은 3인칭 단수이거나 복수만 있기 때문에 Estar는 Está, Están 이 두 가지형태로만 쓰인다.
정관사는 성과 수를 일치시켜야 하고 그에 따른 명사의 성, 수도 일치시켜야 합니다.

LA	CAS **-A**	**LAS**	CASA **-S**
EL	LIBR **-O**	**LOS**	LIBRO **-S**
EL	PROFESOR	**LOS**	PROFESOR **-ES**
LA	PROFESOR **-A**	**LAS**	PROFESORA **-S**
ESTÁ		**ESTÁN**	

명사와 관사는 명사의 성 · 수 일치

La cas**a**.

Las casa**s**.

El libr**o**.

Los libros.

La enfermer**a**.

Las enfermera**s**.

El doctor.

Los doctor**es**.

El gat**o**.

Los gato**s**.

Amplíe 활용해 보아요

Ser 와 Estar의 차이점을 비교하세요.

La mesa es **larga**.

La mesa está **limpia**.

Juan es **simpático**.

Juan está **enfermo**.

El **cuadro** es **estrecho**.

El cuadro está **roto**.

El médico es **inteligente**.

El médico está **cansado**.

La mesa es **redonda**.

La mesa está **sucia**.

새로나온 단어

largo(a) 긴 ≠ corto(a) 짧은
estrecho(a) 좁은 ≠ ancho(a) 넓은
inteligente 지적인
redondo(a) 둥근

limpio(a) 깨끗한 ≠ sucio(a) 더러운
roto 깨진 romper의 과거분사인데 형용사로 쓰임
cansado(a) 피곤한

Practique 연습해 보아요

I 주어와 주격보어를 Es와 Está로 연결해 보세요.

La ventana 창문 La puerta 문 El bar 바 El camarero 종업원 El libro 책 El estudiante 학생 La casa 집 Juan 환	**E S** **E S T Á**	*abierta (abrir 열다)의 과거분사 불규칙 estrecha 좁은 barato 싼 simpático 친절한 ancha 넓은 agradable 쾌적한 cerrado 닫혀진 enfermo 아픈

II 보기와 같은 질문형태로 변화시켜 보세요.

보기 ventana.
    창문

—¿Cómo está la ventana?
창문은 어떤 상태인가요?

1. camarero.　　　　　　　—＿＿＿＿＿＿＿＿＿＿

2. Manolo.　　　　　　　　—＿＿＿＿＿＿＿＿＿＿

3. nosotros.　　　　　　　—＿＿＿＿＿＿＿＿＿＿

4. María.　　　　　　　　　—＿＿＿＿＿＿＿＿＿＿

5. médico.　　　　　　　　—＿＿＿＿＿＿＿＿＿＿

6. secretaria.　　　　　　—＿＿＿＿＿＿＿＿＿＿

7. madre.　　　　　　　　—＿＿＿＿＿＿＿＿＿＿

8. habitación.　　　　　　—＿＿＿＿＿＿＿＿＿＿

Hable 말해 보아요 보기와 같이 Ser와 Estar 동사를 활용하여 말해 보세요.

once(11)

보기

ancha / cerrada.
—*La ventana es ancha.* 창문은 넓다
—*La ventana está cerrada.* 창문은 닫혀졌다.

doce(12)

agradable / abierto.
—_____
—_____

trece(13)

simpática / cansada.
—_____
—_____

catorce(14)

alto / enfermo.
—_____
—_____

quince(15)

largas / sucias.
—_____
—_____

dieciseis(16)

limpias / redondas.
—_____
—_____

diecisiete(17)

cansados / agradables.
—_____
—_____

dieciocho(18)

limpios / interesantes.
—_____
—_____

diecinueve(19)

barato / roto.
—_____
—_____

veinte(20)

grande / abierto
—_____
—_____

지시 형용사 (대명사)

이	ESTE	남성	libro	es	blanco
	ESTO-S		libro-s	son	blanco-s
	ESTA	여성	mesa	es	blanca
	ESTA-S		mesa-s	son	blanca-s
저	AQUEL	남성	cuadro	es	bueno
	AQUELLO-S		cuadro-s	son	bueno-s
	AQUELLA	여성	casa	es	alta
	AQUELLA-S		casa-s	son	alta-s

스페인어에는 자신에게 가까운 것에는 이, 상대방에게 가까운 것에는 그, 제 3자의 위치, 즉 모두에게 멀리 있는 것에는 저를 사용한다.

1) 지시 형용사(시간적, 공간적 개념) : 지시형용사는 명사의 성, 수에 일치하여야 하며 한정형용사이므로 반드시 명사의 앞에 놓이며 관사를 생략한다.

   Ej) este libro 이 책 esta casa 이 집 esta semana 이번 주

     ese libro 그 책 esa casa 그 집 esta mañana 오늘 아침

     aquel libro 저 책 aquella casa 저 집 esta noche 오늘 밤

2) 지시 대명사: 대문자로 쓰이는 경우 강세를 생략해도 된다.
   지시 대명사는 지시 형용사와 같으나 이 둘을 구별하기 위해 본래의 액센트 위치에 액센트 부호를 첨가한다.

   Ej) este libro y aquél 이 책과 그리고 저 책

    • Ésta es mi casa. (Esta es mi casa) 이곳은 나의 집입니다.

    • Éste es mi libro. (Este es mi libro) 이것은 나의 책입니다.

    • { Juan y Maria son amigos. 환과 마리아는 친구다.
     { Aquél es de Madrid y ésta es de Barcelona.
     (전자)환은 마드리드 출신이고 (후자)마리아는 바르셀로나 출신이다.

   참고

   지시 대명사 중성형은 esto(이것), eso(그것), aquello(저것). 악센트도 복수형도 없다.

Practique 연습해 보아요

지시 형용사 활용하여 보기와 같이 지시 형용사 변형 연습을 하세요.

보기 **Estas casas son altas.**
이 집들은 높다.

· —**Aquellas casas también son altas.**
저 집들도 역시 높다.

1. Estos libros son baratos. · —_____

2. Estos cuadros son interesantes. · —_____

3. Estos edificios son grandes. · —_____

4. Estas ventanas están abiertas. · —_____

5. Estos sombreros están rotos. · —_____

6. Estas ventanas son altas. · —_____

7. Estas habitaciones son grandes. · —_____

8. Esta casa es alta. · —_____

9. Aquella ventana es estrecha. · —_____

10. Este estudiante está cansado. · —_____

11. Este niño está enfermo. · —_____

12. Aquella señorita es agradable. · —_____

13. Aquella calle es ancha. · —_____

14. Esta silla es cómoda. · —_____

Situación 상황 IV

Práctica oral: *Imagine un diálogo.* 회화 실습: 대화를 상상해 보아요

1.

— _____
— _____

2.

— _____
— _____

3.

— _____
— _____

4.

— _____
— _____

Lesson 5. ¿Qué desea?

5과의 핵심 내용

1. 제 1 변화 동사:어미가 –ar형으로
   끝나는 직설법 현재 어미 변화형
2. 형용사의 성 · 수 일치

5 ¿Qué desea?

Conserje : —¿Qué desea?

Estudiante : —Deseo información sobre los cursos de español.

Conserje : —Pero usted ya habla español…

Estudiante : —Hablo muy poco. Necesito perfeccionar el idioma.

Conserje : —¿De dónde es?

Estudiante: —Soy holandés.

Conserje : —¿Qué idiomas habla?

Estudiante: —Hablo inglés, alemán y francés.

Conserje : —¿Estudia o trabaja?

Estudiante: —Trabajo en una oficina de importación y por las tardes estudio.

Conserje : —¿Usa el español en el trabajo?

Estudiante : —Sí. Importamos productos españoles y sudamericanos.

Conserje : —Esto es todo. Firme aquí. Muchas gracias.

5 무엇을 원하십니까?

Conserje : __무엇을 원하십니까? (도와 드릴까요?)

Estudiante: __스페인어 과정들에 관한 정보를 원합니다.

Conserje : __하지만 당신은 벌써 스페인어를 말씀하시는데요…

Estudiante: __매우 조금 합니다. 언어(스페인어)를 완벽하게 할 필요가 있어요.

onserje : __어디 출신이십니까?

Estudiante: __전 네덜란드 사람입니다.

Conserje : __무슨 언어들을 말씀하세요?

Estudiante: __영어, 독어 그리고 불어를 (말)합니다.

onserje : __공부하세요? 아니면 일하세요? (학생이세요? 직장인이세요?)

Estudiante: __수입관련 (사무실)에서 일합니다. 그리고 오후에는 공부합니다.

CConserje : __직장에서 스페인어를 사용합니까?

Estudiante: __예. 스페인과 남미 상품들을 수입합니다.

Conserje : __이것이 전부입니다. 여기 서명하세요.

감사합니다.

단어 및 보충 해설

새로 나온 단어

conserje *m.* 수위, 급사, 접수담당자, (건물의) 관리인

información *f.* 정보, 알림, 통지　　　sobre ~ 　~에 관하여, ~위에

curso *m.* 과정, 코스　　　　　　　　ya *adv.* 이미, 벌써

hablo *v.* 말하다 (Hablar 변화형)　　poco *adv.* 조금 ≠ mucho 많이

perfeccionar *v.* 완전하게 하다, 완성하다　estudia *v.* 공부하다 (Estudiar 변화형)

trabaja *v.* 일하다 (Trabajar 변화형)　usa 사용하다 (usar 변화형)

el trabajo *m.* 일, 노동, 직업　　　　importar *v.* 수입하다

productos *m.* (생)산물, 제품　　　　sudamericanos *adj.* 남미의

firme 서명하다 (firmar 3인칭 명령형)　aquí *adv.* 여기

관용어구

necesitar 필요하다 + inf (원형동사) = ～할 필요가 있다

oficina de importación 수입관련 사무실

por la tarde 오후에 (por las tardes 오후마다)

Esto es todo → 영어의 This is all

Muchas gracias 대단히 감사합니다

Esquema gramatical 문법 도해

제 1변화 동사 (ar형 동사)

-ar : Hablar 말하다

	단수	복수	단수	복수
1인칭	Yo	Nosotros(as)	hablo	hablamos
2인칭	Tú	Vosotros(as)	hablas	habláis
3인칭	El Ella Usted	Ellos Ellas Ustedes	habla	hablan

ar형 동사는 행위자, 즉 주어가 누구냐에 따라 어미가 (−ar 생략하고)

S	P
-o	-amos
-as	-áis
-a	-an

으로 변한다.

Ej)
Yo   hablo   español

Tú   hablas   español

Usted   habla   español

- ¿Habla Ud. español?

 ➜ Sí, señor(Sr.), (Yo) hablo muy poco.

어미가 −ar형으로 끝나는 동사로 인칭과 수에 따라 어미변화형을 연습하시오

PRESENTE EN -AR	trabajar 일하다 estudiar 공부하다 cantar 노래하다 tomar 잡다, 마시다 pasear 산보하다 pintar 그림그리다 nadar 수영하다 llevar 운반하다 comprar 사다	(yo) (tú) (él, ella) (nosotros) (vosotros) (ellos, -as)	trabaj-o trabaj-as trabaj-a trabaj-amos trabaj-áis traba-an	estudi-o estudi-as estudi-a estudi-amos estudi-áis estudi-an	-O -AS -A -AMOS -ÁIS -AN

Esquema gramatical 문법 도해

[Pratique 연습해 보아요]

I 보기와 같이 물음에 답하세요.

보기 **¿Qué estudias?** *español.* · —**Estudio español.**
너는 뭘 공부하니? 나는 스페인어를 공부해.

1. ¿Qué estudia María? *inglés.* · —_____
2. ¿Qué estudiáis vosotros? *ruso.* · —_____
3. ¿Qué estudian José y Carlos? *francés.* · —_____
4. ¿Qué estudia Antonio? *alemán.* · —_____
5. ¿Qué estudia usted? *italiano.* · —_____

II 보기와 같이 물음에 답하세요.

보기 **¿Dónde trabaja usted?** *en una oficina.* · —**Trabajo en una oficina.**
당신은 어디서 일하십니까? 나는 사무실에서 일합니다.

1. ¿Dónde trabaja Isabel? *en un hospital.* · —_____
2. ¿Dónde trabajan ustedes? *en un bar.* · —_____
3. ¿Dónde trabajan Luis y Carlos? *en un hotel.* · —_____
4. ¿Dónde trabajáis vosotros? *en un banco.* · —_____
5. ¿Dónde trabajas? *en una escuela.* · —_____

Amplíe 활용해 보아요

해석 P294

그림을 보고 인칭과 수에 따라 -ar형 동사가 변화함에 유의하면서 동사의 뜻을 익히세요.

Los Sres. López **escuchan** la **radio**.

Marta **pinta** un **cuadro**.

Pedro **toca** la **guitarra**.

Isabel **prepara** la **comida**.

Los niños **nadan** en el **río**.

Los estudiantes **pasean** por el parque.

Cantamos una **canción**.

María **lava** una **camisa**.

Carlos **lleva** una **maleta**.

José **fuma** un **cigarrillo**.

새로나온 단어

radio 라디오	cuadro 그림, 액자	tocar+악기 (악기를)연주하다	escuchar 듣다, 청취하다
guitarra 기타	comida 음식	río 강	parque 공원
canción 노래	lavar 씻다, 세탁하다	camisa 셔츠	llevar 지니다, 지니고 있다 운반하다
maleta 가방, 짐			

Hable 말해 보아요 그림을 보고 보기와 같이 문장을 완성하세요.

trabajar.

—*La enfermera trabaja en el hospital.*
간호사는 병원에서 일한다.

estudiar.

—_____

nadar.

—_____

pasear.

—_____

estudiar.

—_____

tomar café.

—_____

pintar.

—_____

fumar.

—_____

comprar.

—_____

llevar.

—_____

Observe 관찰하세요

형용사의 성 · 수 일치

El problema es **fácil.**
La suma es **fácil.**

Los problemas son **fácilES.**
Las sumas son **fácilES.**

El problema es **difícil.**
La fórmula es **difícil.**

Los problemas son **difícilES.**
Las fórmulas son **difícilES.**

'–o'로 끝난 형용사는 주어나 명사의 성 · 수에 일치시킨다.

    EJ) el libro nuevo.   los libros nuevos
        la casa nueva.   las casas nuevas

'–o'가 아닌 문자로 끝난 형용사는 명사의 성과는 관계없이 수에만 일치시킨다.

    EJ) el lápiz azul   los lápices azules
        la tinta azul   las tintas azules

   자음으로 끝난 형용사는 –es를 첨가하면서 복수형을 취하며, 모음으로 끝난 형용사는 –s를 첨가하면서 복수형을 취한다.

   참고
주어가 복수이면 보어로 쓰이는 형용사도 복수를 취한다.

Practique 연습해 보아요

수식하는 명사가 복수이면 형용사도 복수형을 취한다

I 지시 형용사를 복수형으로 변화시키세요.   ·· p71 참조

  1. Esta lección es fácil.   · —Estas lecciones son _____

  2. Este niño es alemán.   · —_____

  3. Esta casa es agradable.   · —_____

  4. Este señor es inglés.   · —_____

  5. Aquella enfermera es muy amable. · —_____

  6. Esta lección es muy difícil. · —_____

  7. Aquel hotel es muy grande. · —_____

  8. Este médico es español.   · —_____

보기와 같이 변형시키세요.

보기   **¿CÓMO ES?** 단수: 어떻습니까? · —**¿CÓMO SON?** 복수: 어떻습니까?

II *Responda:*

  1. ¿Cómo es el problema? · —_____

  2. ¿Cómo son los estudiantes? · —_____

  3. ¿Cómo es la casa? · —_____

  4. ¿Cómo es la lección? · —_____

  5. ¿Cómo es la enfermera? · —_____

  6. ¿Cómo es el libro? · —_____

  7. ¿Cómo es el café? · —_____

  8. ¿Cómo es el hotel? · —_____

Recuerde 기억해요

I 주어에 따라 가운데 동사를 활용하여 문자를 완성해 보세요.

Juan	escucha (escuchar)	inglés
Luis	hablan (hablar)	la radio
Pedro y María	trabajas (trabajar)	en la universidad
Luis y yo	estudio (estudiar)	la guitarra
Ud.	tocáis (tocar)	un cuadro
Juan y tú	pinta (pintar)	flores
Tú	tomo (tomar)	un vaso de vino
Yo	nadan (nadar)	en el río
	compramos (comprar)	

II 보기와 같이 동사를 활용하여 질문해 보세요.

¿QUÉ DESEA UD.? 당신은 무엇을 원하십니까?

보기 desear. · —¿Qué desea Ud.?

1. cantar. · — _____

2. estudiar. · — _____

3. comprar. · — _____

4. lavar. · — _____

5. llevar. · — _____

6. fumar. · — _____

7. tomar. · — _____

8. escuchar. · — _____

Situación 상황 V

Práctica oral: *Imagine un diálogo.* 회화 실습: 대화를 상상해 보아요.

1.

— _____
— _____

2.

— _____
— _____

3.

— _____
— _____

4.

— _____
— _____

Lesson 6. ¿Dónde comes?

6과의 핵심 내용

1. 제 2 변화 동사 : 어미가 -er형 동사

2. 요일을 나타내는 표현

3. 부정문

4. 의문문 만들기

6 ¿Dónde comes?

Luis : —¿Comes hoy en casa?

Isabel : —No. A mediodía siempre como en un restaurante.

Luis : —¿Comemos juntos, entonces?

Isabel : —Estupendo. ¿Dónde?

Luis : —¿Ves aquel restaurante al otro lado de la calle? Hay un menú barato y bueno.

(En el restaurante)

Luis : —De primero hay ensalada, sopa o paella. Todos los jueves hacen paella.

Isabel : —¿Qué hay de segundo?

Luis : —Carne, huevos o pescado.
Y de postre fruta y helado.

Isabel : —Bien. Yo tomo paella y después pescado.

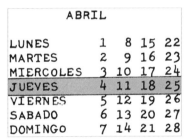

Luis : —Yo también tomo paella.
Y luego chuleta con patatas.
¿Bebemos vino?

Isabel : —Sí. Yo siempre bebo vino con la comida.

Luis : —¡Camarero, por favor!

6 어디서 식사 할거니?

Luis : __오늘 집에서 식사 할거니?

Isabel : __아니야. 정오에는 항상 나는 레스토랑에서 식사를 해.

Luis : __그렇다면 우리 함께 식사할까?

Isabel : __아주 좋지. 어디서?

Luis : __거리 건너편에 저 식당 보이니? 싸고 좋은(맛있는) 메뉴가 있어.

(식당에서)

Luis : __첫째로는 샐러드, 스프 혹은 빠에야가 있어. 매주 목요일마다는 빠에야를 만들어.

Isabel : __두번째로는 뭐가 있지?

Luis : __고기, 계란 혹은 생선 그리고 후식으로는 과일과 아이스크림이 있어.

Isabel : __좋아. 난 빠에야를 먹고, 후에 생선을 먹을거야.

Luis : __나도 역시 빠에야를 먹고 그리고 감자를 곁들인 갈비를 먹겠어.

　　　　우리 포도주 마실까?

Isabel : __좋아, 나는 항상 음식과 더불어 포도주를 마셔.

Luis : __웨이터, 부탁해요!

단어 및 보충해설

새로 나온 단어

como *v.* 먹다 (comer 의 변화형)

menú *m.* 식단, 식단표, 차림표, 메뉴

sopa *f.* 스프, 즙

paella *f.* (쌀, 야채, 고기, 해산물 등을 넣은 요리−Valencia 지방에서 유명함)

hacen *v.* 하다, 만들다 (hacer 의 변화형)

carne *f.* 고기, 수육

pescado *m.* 생선

helado *m.* 아이스크림

luego *adv.* 후에, 뒤에

con *prep.* 같이, 함께

bebemos 마시다 (beber 변화형)

comida 음식, 식사

juntos *adj. adv.* 함께

ves 보다 (ver 의 변화형)

ensalada *f.* 샐러드

huevo *m.* 알, 계란

fruta *f.* 과일

tomo *v.* 잡다 (tomar 의 변화형 영어의 take), 먹다

chuleta *f.* (소, 양, 돼지 따위의) 갈비, 불고기

patata 감자

vino 포도주

관용어구

a mediodía 정오에

a medianoche 자정에

aquel restaurante 저 음식점

al otro lado de la calle 거리 맞은편에

de primero 첫 번째로 (최초에)

de segundo 두 번째로는

de postre 후식으로, 디저트로

~ despúes ～후에 (despúes de ~ ～후에)

por favor 부탁합니다

제 2변화 동사 (-er형 동사)

-er : Comer 먹다

	단수	복수	단수	복수
1인칭	Yo	Nosotros(as)	como	comemos
2인칭	Tú	Vosotros(as)	comes	coméis
3인칭	El Ella Usted	Ellos Ellas Ustedes	come	comen

er형도 마찬가지로, 주어에 따라 어미가 (−er 생략하고)

S	P
-o	-emos
-es	-éis
-e	-en

으로 변한다.

EJ) • ¿Dónde come Ud.?

➔ Yo como siempre en un restaurante.

➔ ¿Comemos juntos?

어미가 −er형으로 끝나는 동사로 인칭과 수에 따라 어미변화형을 연습하시오.

PRESENTE EN -ER				
	comer 먹다 beber 마시다 coser 꿰매다 correr 달리다 coger 붙들다. 잡다 leer 읽다 comprender 이해하다 vender 팔다 recoger 줍다 ver 보다	(yo) com -O (tú) com -ES (él) com -E (nosotros) com -EMOS (vosotros) com -ÉIS (ellos) com -EN	v-e-O v-e-S v-E v-EMOS v-ÉIS v-EN	-O -ES -E -EMOS -ÉIS -EN

Esquema gramatical 문법 도해 I

PERO: Hacer (～하다, 만들다) 1인칭 단수에 유의하시오.

Ha - **G** - **O**

hac - **ES**

hac - **E**

hac - **EMOS**

hac - **ÉIS**

hac - **EN**

[Pratique 연습해 보아요]

I 보기와 같이 물음에 답하세요.

보기 **¿Qué lees?** *un libro.* · —**Leo un libro.**
너는 무엇을 읽니?　　　　　　　나는 책을 읽어.

1. ¿Qué bebes? *cerveza.* · —_____

2. ¿Qué bebe José? *vino.* · —_____

3. ¿Qué bebe Ud.? *agua.* · —_____

4. ¿Qué bebéis vosotros? *leche.* · —_____

5. ¿Qué lee María? *un periódico.* · —_____

6. ¿Qué leen los niños? *un libro.* · —_____

7. ¿Qué lees? *una novela.* · —_____

Amplíe 활용해 보아요

그림을 보고 인칭과 수에 따라 –er형 동사가 변화함에 유의하면서 동사의 뜻을 익히세요.

11. José y Carlos **beben cerveza** en el bar.

12. Los deportistas **corren** en la **pista.**

13. María **coge naranjas** en el jardín.

14. Antonio **lee** el **periódico** en el **cuarto de estar.**

15. **Vemos** una película en el cine.

16. **Vendo** libros en una **librería.**

17. Doña Isabel **cose** una camisa en su habitación.

18. Los niños **hacen** los **deberes** en casa.

19. Nosotros **leemos** la lección en clase.

20. La anciana **ve** los coches en la calle.

새로나온 단어

pista 경기장	naranjas 오렌지	
periódico 신문	película 영화	el cuarto de estar 거실
librería 서점	doña 여자 이름 앞에 붙는 존칭어	deberes 숙제
lección 교훈, (교과서의) 과	anciana 나이드신 분, 연장자, 노파	

Hable 말해 보아요 그림을 보고 보기와 같이 문장을 완성하세요

보기

1. vino. 포도주

—José bebe vino. 호세는 포도주를 마신다

2. parque. 공원

—_____

3. novela. 소설

—_____

4. las maletas. 여행용 가방

—_____

5. televisión.

—_____

6. tienda. 가게

—_____

7. deberes. 숙제

—_____

8. falda. 스커트

—_____

9. inglés. 영어

—_____

10. los coches. 자동차

—_____

요일을 나타내는 표현이다. 월요일부터 금요일까지는 단수와 복수가 동일하다.

—Los <u>lunes</u> **comemos** en un restaurante. 월요일마다
—Los <u>martes</u> **vemos** una película. 화요일마다
—Los <u>miércoles</u> **leemos** una revista. 수요일마다
—Los <u>jueves</u> **cogemos** el autobús. 목요일마다
—Los <u>viernes</u> **vemos** una obra de teatro. 금요일마다
—Los <u>sábados</u> **vendemos** periódicos. 토요일마다
—Los <u>domingos</u> **hacemos** deporte. 일요일마다

¿QUÉ DÍA ES HOY? 오늘은 무슨 요일입니까?	**ES LUNES......** (오늘은) 월요일 입니다
¿QUÉ COMES? 넌 무엇을 먹을꺼니?	**COMO......** 나는 ~을(를) 먹을거다

LUNES: **pescado.** 생선

MARTES: **tortilla.** 오므라이스

MIÉRCOLES: **ensalada.** 샐러드

JUEVES: **paella.** 빠에야

VIERNES: **entremeses.** 오르티브르(전채요리)

SÁBADO: **pollo** 닭고기

DOMINGO: **chuletas.** 갈비

Recuerde 기억해요

부정문 만들기

부정문을 만드는 방법은 매우 간단하다. 부정문은 동사 앞에 No를 붙이면 된다. 아래 예문을 통해 연습해 보시오.

Carlos		comprende el español.
Carlos	**NO**	comprende el español.

I 보기와 같이 물음에 답하세요.

> **보기** **¿Comprendes el inglés?**
> 넌 영어를 이해하니?
>
> **—No, no comprendo el inglés.**
> 아니, 난 영어를 이해하지 못해.

1. ¿Comprende Ud. el italiano?　　　　—No, _____

2. ¿Comprendéis el ruso?　　　　　　—No, _____

3. ¿Comprende Carlos el holandés?　　—No, _____

4. ¿Comprende el alemán?　　　　　　—No, _____

5. ¿Comprenden ellos el francés?　　　—No, _____

6. ¿Comprendéis el japonés?　　　　　—No, _____

7. ¿Comprenden Uds. el español?　　　—No, _____

의문문 만들기

의문문 만들기도 간단하다. 의문사를 문장 맨 앞에 위치시키고 원래 문장의 주어는 동사 뒤로 보내면 된다. 아래 예문을 통해 연습해 보시오.

José	estudia		la lección
¿Dónde	estudia	José	la lección?

의문문은 의문사를 문장 앞으로 뺀다.

II 보기와 같이 의문문을 만들어 보세요.

보기 José estudia la lección.
호세는 학과를 공부한다.(수업을 받습니다.)

· —¿Dónde estudia José la lección?
호세는 어디서 수업을 받습니까?

1. María escucha la radio.

· — _____

2. Leemos el periódico.

· — _____

3. Los estudiantes toman café.

· — _____

4. María vende libros.

· — _____

5. Hago los deberes.

· — _____

6. Antonio ve la televisión.

· — _____

7. Carmen come una tortilla.

· — _____

Situación 상황 Ⅵ

Práctica oral: *Imagine un diálogo.* 회화 실습: 대화를 상상해 보아요.

1.

— _____
— _____

2.

— _____
— _____

3.

— _____
— _____

4.

— _____
— _____

Fonética

$g + \left.\begin{array}{l} a \\ o \\ u \end{array}\right\} \rightarrow$ [g]	$g + \left.\begin{array}{l} e \\ i \end{array}\right\} \rightarrow$ [x]
gato gordo gusto	coger gente ginebra gitano

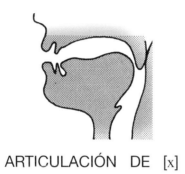

ARTICULACIÓN DE [x]

Ejemplos:

caja

gemir

gitano

Juan

1. Esta gente es muy joven.

2. Juan come naranjas.

3. José coge una caja.

4. El ingeniero bebe ginebra.

Lesson 7. ¿Qué hacemos esta noche?

7과의 핵심 내용

1. 어간 모음 'e' 가 'ie' 로 변하는 불규칙 동사

2. 시간, 날짜, 요일을 묻고 답하는 표현

7 ¿Qué hacemos esta noche?

Luisa : —¿Tienes el periódico de hoy?

Marta : —Sí. Está sobre la mesa.
　　　　¿Para qué lo quieres?

Luisa : —Para mirar la «cartelera de espectáculos».
　　　　Esta noche podemos ver una película.

Marta : —Es una buena idea. Aquí está.

Luisa : —Gracias. Pero éste no es el periódico de
　　　　hoy. Es del día 22 de abril. Y hoy esta-
　　　　mos a 24.

Marta : —Perdona. Soy muy despistada. Este es.

Luisa : —A ver… Ponen una película interesante
　　　　en el cine Apolo.

Marta : —¿A qué hora empieza?

Marta : —A las 11. Ahora son las 9:30.

Luisa : —Tenemos mucho tiempo.
　　　　¿Cenamos antes?

Marta : —Por supuesto. Tengo mucha hambre.

7 오늘밤 우리 무엇을 할까?

Luisa : __오늘자 신문 (가지고) 있니?

Marta : __그래, 테이블 위에 있어. 무엇 때문에(무얼 하려고) 그것(신문)을 원하니?

Luisa : __"공연의 광고"를 보려고. 오늘 밤에 영화를 볼 수 있어.

Marta : __좋은 생각이야. 여기 있어.

Luisa : __고마워. 그러나 이건 오늘자 신문이 아니잖아. 4월 22일자(신문)야.

　　　　　오늘은 24일이야.

Marta : __미안해. 내가 방심했군 (정신없군). 이것이야.

Luisa : __어디보자… Apolo 영화관에서 흥미로운 영화를 상영하는군.

Marta : __몇 시에 시작하니?

Marta : __11시에, 지금은 9:30분이야.

Luisa : __시간이 많이 남았군. (영화보기)전에 저녁식사나 할까?

Marta : __물론(좋지). 난 무척 배가 고파.

단어 및 보충 해설

새로 나온 단어

lo *pron.* 사물 남성을 받는 목적 대명사 (여기서는 periódico를 가리킴)

quieres *v.* ~을 원하다 (querer 의 변화형)

mirar *v.* 바라보다, (주시하며) 보다

cartelera *f.* 벽보판, 연극 안내판, 흥행물 광고

espectáculo *m.* 흥행(물), 관람물

ver *v.* 보다, 보이다

abril *m.* 4월

perdona *v.* 용서해, 죄송하다, 미안하다 (Perdonar 2인칭 명령형)

despistado(a) 방심상태의, 얼빠진, 건성의

interesante *adv.* 흥미로운, 재미있는

cine *m.* 영화

a *prep.* (시간) ~시에

hora *f.* 시간

empieza 시작하다 (empezar 변화형)

tiempo 시간

cenamos 저녁식사하다 (cenar 의 변화형)

관용적 표현/숙어

el periódico de hoy 오늘 신문

esta noche 오늘밤 (지시형용사)

podemos ~할 수 있다 (poder + inf inf할 수 있다)

Es una buena idea. 좋은 생각이야.

Aquí está (tiene). 여기 있습니다.

¿A qué (Cuánto) estamos hoy? 오늘은 며칠입니까?
　　(일반적으로 ¿Qué fecha es hoy?를 많이 사용)

Hoy estamos a 24. 오늘은 24일입니다.

A ver. 어디보자.

poner una película 영화를 상영하다

¿A qué hora empieza? 몇 시에 시작합니까?

son las 9:30 9시 30분입니다

por supuesto 물론, 두말할 것 없이 (=ciertamente)

tengo hambre 배고프다

Esquema gramatical 문법 도해 I

어간 모음 'e' 가 'ie' 로 변하는 불규칙 동사

불규칙 동사에는 먼저, 어간 모음이 변하는 형태, 즉 (e → ie), (o → ue), (e → i) 등이 있는데 물론 어미는 인칭과 수에 따라 각기 규칙과 동일하게 변한다. 주어 1·2인칭 복수는 절대 어간 모음이 변하지 않는다. 여기서는 먼저 어간 모음 'e' 가 'ie' 로 변하는 불규칙 동사를 살펴보도록 하겠다.

	규칙	어간 E → IE 변화하는 동사	
PRESENTE	COMER 먹다 com **-O** 　　　 **-ES** 　　　 **-E** 　　　 **-EMOS** 　　　 **-ÉIS** 　　　 **-EN**	QUERER 원하다 quiero quieres quiere queremos queréis quieren	TENER 가지고있다 tengo tienes tiene tenemos tenéis tienen
PRESENTE	AMAR 사랑하다 am **-O** 　　 **-AS** 　　 **-A** 　　 **-AMOS** 　　 **-ÁIS** 　　 **-AN**	CERRAR 닫다 cierro cierras cierra cerramos cerráis cierran	EMPEZAR 시작하다 empiezo empiezas empieza empezamos empezáis empiezan

pensar 생각하다
↓　 └→ 규칙과 동일하게 변함
ie

위의 동사(pensar)와 동일한 어간 모음 변화(e→ie)로 변하는 동사를 살펴보자. 물론 어미는 규칙과 동일하게 변한다.

제 1변화 동사(-ar형)	
empezar 시작하다	negar 부인하다
confesar 고백하다	calentar 가열하다
sentar 앉히다	gobernar 다스리다
despertar 깨우다	comenzar 시작하다
cerrar 닫다	recomendar 추천하다
nevar 눈이 오다	

제2변화 동사(-er 형)	
querer 원하다	defender 방어하다
atender 돌보다	perder 잃다
extender 확장하다	encender 켜다
entender 이해하다	

제3변화 동사(-ir형)	
sentir 느끼다	preferir 선호하다
consentir 동의하다	divertir 기쁨을 주다
herir 상처를 입히다	mentir 속이다
convertir 변화시키다	referir 언급하다

EJ) • Siempre (yo) pienso en María.
나는 항상 마리아를 생각한다.

• La película empieza(=comienza) a las ocho de la noche.
그 영화는 밤 8시에 시작한다.

• Siempre (yo) despierto a las 6 de la mañana.
나는 항상 6시에 일어난다.

• María cierra la caja con mucho cuidado.
마리아는 아주 조심스럽게 상자를 닫는다.

• Yo quiero regalar una rosa a ella.
나는 그녀에게 장미 한 송이를 선물하길 원한다.

• Yo pierdo mi reloj en la calle.
나는 거리에서 내 시계를 잃어 버렸다.

• Mi mamá enciende la luz de la cocina.
나의 어머니는 부엌의 불을 켜신다.

• Lo siento mucho.
대단히 죄송합니다.

• María prefiere el café a la leche.
마리아는 우유보다 커피를 좋아한다.

• Los hombres malos mienten mucho.
나쁜 사람들은 거짓말을 많이 한다.

참고

① pensar en ~ ~을 생각한다

　pensar+원형 ~을 할 생각이다
　　　　　　　　(~할 생각이다, 작정이다)

② a → 시간을 나타내는 전치사

③ querer + 원형 ~하기를 원한다

④ lo → 목적대명사 참조

⑤ preferir A a B B보다 A를 더 좋아한다

1인칭 단수가 go로 끝나며 어간 e → ie로 변화는 동사 2개

| tener 가지다 | tengo, **tie**nes, **tie**ne, tenemos, tenéis, **tie**nen |
| venir 오다 | vengo, **vie**nes, **vie**ne, venimos, venís, **vie**nen |

1인칭 단수만 -go 로 끝나는 동사	
poner 놓다	pongo, pones, pone, ponemos, ponéis, ponen
hacer 하다	hago, haces, hace, hacemos, haceís, hacen
salir 나가다	salgo, sales, sale, salimos, salís, salen
valer 가치가 나가다	valgo, vales, vale, valemos, valís, valen

등도 있다.

tener(가지다) 동사의 용법

중요한 숙어

tener que + 원형동사 : 원형동사 해야 한다

tener ganas de + 원형동사 : 원형동사 하고 싶다

tener gusto en + 원형동사 : 원형동사 하여 반갑다

no tener + 목적어 + que 원형동사 : ~을 힐 것이 없다

EJ) • Tengo que estudiar mucho.　　　나는 열심히 공부를 해야 한다.

　• Tengo ganas de bailar contigo.　　나는 너와 춤을 추고 싶다.

　• Tengo mucho gusto en conocerle a Ud.　당신을 알게 돼서 반갑습니다.

　• No tengo nada que preguntar.　　나는 질문할 것이 아무것도 없다.

관용적인 용법

tener +	calor	(더위)	→ 덥다
	frío	(추위)	→ 춥다
	sed	(갈증)	→ 목마르다
	hambre	(공복)	→ 배고프다
	sueño	(졸음)	→ 졸리다
	razón	(이유)	→ 옳다
	prisa	(서두름)	→ 서두르다
	reponsabilidad	(책임)	→ 책임이 있다
	miedo	(두려움)	→ 두려워하다
	culpa	(실수)	→ 잘못이 있다
	suerte	(운명)	→ 운이 있다
	cuidado	(조심)	→ 조심하다

EJ) • (Yo) Tengo mucho calor. 나는 무척 덥다.

• Yo tengo hambre y sed. 나는 배가 고프고 목마르다.

• Yo no tengo sueño. 나는 졸리지 않는다.

• Tienes razón. 네 말이 옳다.

• Siempre tengo ciudado al cruzar la calle. 나는 항상 길을 건널 때 조심한다.

• ¿No tiene Ud. prisa? 당신은 급하지 않으세요?

• No tengo responsabilidad. 나는 책임이 없다.

• Juan tiene miedo del perro. 환은 개를 무서워한다.

• Mi secrotaria tiene la culpa. 나의 비서의 잘못이다.

기타 표현

Aquí tiene Ud. la vuelta. 거스름돈이 여기 있습니다.

¿Cuántos años tiene Ud.?

(=¿Qué edad tiene Ud.?) 당신은 나이가 어떻게 되십니까?

Yo tengo 30(treinta) años. 나는 30살입니다.

¿Qué tiene Ud.? 무엇을 가지고 있습니까?(⇨어디가 아프십니까?)

Tengo dolor de cabeza. 머리가 아픕니다.

Amplíe 활용해 보아요

해석 P295

Tener (가지다) 동사와 Querer (원하다) 동사를 활용하여 표현하세요.
Querer + inf ⇒ inf 하기를 원하다

veintiuno(21)

1. **Tengo** un tocadiscos.

veintidos(22)

2. **Quiero escuchar** un disco.

veintitres(23)

3. Isabel **tiene** una **bicicleta**.

veinticuatro(24)

4. Isabel **quiere** comprar un coche.

veinticinco(25)

5. **Tenemos** calor.

veintiseis(26)

6. **Queremos** tomar un helado.

veintisiete(27)

7. **Tienen** frío.

veintiocho(28)

8. **Quieren** cerrar la ventana.

veintinueve(29)

9. Los niños **tienen** hambre.

treinta(30)

10. **Quieren** comprar un **bocadillo**.

새로나온 단어

tocadiscos 턴테이블	**bicicleta** 자전거	**calor** 열, 더위
frío 추위, 차가움	**bocadillo** 간식, 샌드위치	**hambre** 배고픔

111

Practique 연습해 보아요

Ⅰ 보기와 같은 형태로 대답하세요

보기 Yo tengo una guitarra, ¿y tú? · —Yo también tengo una guitarra.
나는 기타 하나를 가지고 있다. 그런데, 넌?　나도 역시 기타를 가지고 있어.

1. Yo tengo un vaso, ¿y Luis? · —_____

2. José tiene una novela, ¿y Ud.? · —_____

3. Uds. tienen un cuadro, ¿y ellos? · —_____

4. Tú tienes un jardín, ¿y nosotros? · —_____

5. Ud. tiene un gato, ¿y María? · —_____

6. Yo tengo una maleta, ¿y Ud.? · —_____

7. Tenemos un periódico, ¿y vosotros? · —_____

8. Tienen una radio, ¿y tú? · —_____

TENGO ....
(나는) ······를 가지고 있다

¿QUIERES ....?
넌 ···를 원하니?

Ⅱ 보기와 같은 형태로 대답하세요

보기 cerveza. 맥주 · —¿Quieres una cerveza? 넌 맥주를 원하니?

Juan. 환 · —¿Quiere juan una cerveza? 환은 맥주를 원합니까?

1. *novela.* · —_____
   Ud. · —_____

2. *un libro.* · —_____
   María. · —_____

3. *un coche.* · —_____
   José · —_____

4. *una camisa.* · —_____
   vosotros. · —_____

5. *una silla.* · —_____
   Uds. · —_____

6. *un gato.* · —_____
   nosotros. · —_____

Practique 연습해 보아요

Ⅲ 보기와 같은 형태로 대답하세요.

보기 **¿Quieres una guitarra?** · —Ya tengo una.
너 기타를 원하니? 이미 난 하나 가지고 있어.

1. ¿Quieres un diccionario? · —_____

2. ¿Quieres una radio? · —_____

3. ¿Quieren Uds. una casa? · —_____

4. ¿Quiere Juan un periódico? · —_____

5. ¿Queréis una maleta? · —_____

6. ¿Quieres una bicicleta? · —_____

7. ¿Quieren los niños un gato? · —_____

8. ¿Quiere Ud. un bocadillo? · —_____

¿QUÉ QUIERES..........? **QUIERO ....**
너 ········. 원하니? 난 ········을 원한다.

Ⅳ 보기와 같은 형태로 대답하세요.

보기 **¿Qué quieres comprar?** *un libro.* · —Quiero comprar un libro.
너 뭘 사기를 원하니? 책 난 책 한 권을 사고 싶어.

1. *un disco.* · —_____

2. *una casa.* · —_____

3. *una mesa.* · —_____

4. *una silla.* · —_____

5. *un gato.* · —_____

6. *un cuadro.* · —_____

7. *un helado.* · —_____

8. *un coche.* · —_____

Esquema gramatical 문법 도해 II

La hora: ¿Qué hora es? 시간 : 몇 시 입니까?

시간을 표현 할 때는 기수 앞에 여성 정관사 las를 붙인다. 이유는 hora(시간)가 여성 명사이기 때문이다. 또 한 시의 경우만은 단수 정관사 la를 쓴다. 또한 시간을 표현하는 동사는 ser의 3인칭 복수 son이다. 단, 한 시의 경우만은 단수 es형을 사용한다.

분과 시간(hora) 사이에는 'y'를 사용한다. 그러나 31분부터 59분까지는 시간 다음에 'y'를 생략하는 경우가 많다.

- ¿Qué hora es?
  = ¿Qué horas son? ⎤ 몇 시입니까?
  = ¿Qué hora tiene Ud.? ⎦

EJ) • Es la una(en punto).
   (정각) 한 시이다.

   • Es la una y cinco(seis, diez, …cincuenta y nueve).
   한시 5(6, 10, 59)분이다.

   • Son las dos y veinte(cuarto, media).
   2시 20분(15, 30)분이다.

이때 15분일 때는 quince(=cuarto), 30분일 때는 treinta(=media)를 똑같이 사용한다.

EJ) • Son las diez y diez.
   10시 10분이다.

   • Son las dos menos quince(=cuarto).
   2시 15분전이다.

   • Son las 4 menos 5.
   4시 5분전이다.

   • Son las seis (y) treinta y cinco.
   6시 35분이다.

   • Son las diez y cincuenta.
   10시 50분이다.

※ "~시에"라는 표현을 할 때는 시간 앞에 전치사 a를 붙이며 정확한(오전, 오후, 밤, 몇 시에) 시간을 표현 할 때는 "시간" de la mañana(de la tarde, de la noche)등을 첨가한다.
   그러나 막연히 오전에, 오후에, 밤에를 표현 할 때는 Por la mañana, por la tarde. Por la noche. 등으로 표시한다.

EJ) • ¿A qué hora sale el tren?

　기차는 몇 시에 출발합니까?

• El tren sale a las dos de la tarde.

　기차는 오후 2시에 출발합니다.

• Mis amigos llegan a eso de las nueve de la mañana.

　나의 친구들은 오전 9시경에 도착한다.

• A las tres de la tarde tengo una cita con mis amigos.

　오후 3시에 내 친구들과 약속이 있다.

• Por la noche hacemos los deberes.

　밤에 우리는 숙제를 합니다.

• Salgo de casa por la mañana.

　나는 오전에 집에서 나간다.

• Son las tres y media de la tarde.

　오후 3시 30분이다.

시간을 나타내는 표현을 연습하시오.

Es la una.

Es la una y cuarto.

Es la una menos cuarto.

Son las dos.

Son las dos y media.

Son las dos menos veinte.

Son las cinco.

Son las cinco y diez.

Son las cinco menos cinco.

Hable

말해 보아요 시간을 나타내는 전치사 a를 활용하여 물음에 답하세요.

 보기

1. ¿Qué hora es?

_____

2. ¿A qué hora empieza la película?

_____

3. ¿A qué hora empieza la clase?

_____

4. ¿_____ el partido de fútbol?

_____

5. ¿_____ la carrera de caballos?

_____

6. ¿_____ la obra de teatro?

_____

7. ¿_____ el programa de televisión?

_____

8. ¿_____ la corrida de toros?

_____

9. ¿_____ el concierto?

_____

10. ¿_____ la carrera de coches?

_____

Los meses: ¿A qué estamos hoy? 달: 오늘은 며칠 입니까?

요일 및 날짜의 표현

- ¿Qué día (de la semana) es hoy?
  오늘은 무슨 요일 입니까?
=En qué día (de la semana) estamos?

- Hoy es lunes.
  오늘은 월요일입니다.
=Estamos en lunes.

※ ser 동사 보어일 때 요일 앞에 관사 생략, 그러나 매주 ~요일에 할 때는 관사를 생략하지 않고 복수형을 취한다.

EJ) • Los domingos voy a la iglesia.
   매주 일요일에 나는 교회에 간다.

Q ⌐ • ¿Qué fecha es hoy?
   │   오늘은 며칠 입니까?
   └   =¿A cuántos (qué) estamos hoy?

A ⌐ • Hoy es el (día) 16 de agosto.
   │   오늘은 8월 16일이다.
   └   =Estamos a 16 de agosto.

그러나 1일일 때는 서수를 사용한다.

EJ) • Hoy es el día primero de agosto.
   오늘은 8월 1일이다.

'년, 월, 일'의 완전한 표현

EJ) • Hoy es miércoles, el (día) 16 de agosto de 1997.
   오늘은 1997년 8월 16일 수요일입니다.

※ ~요일에, ~며칠에, 이런 표현일 경우는 전치사 en을 쓰기가 쉽지만 전치사 없이 정관사로써 부사구를 만든다. 몇 월에, ~해에 등을 표현할 때는 en을 사용한다.

EJ) • El sábado voy a Busan.
토요일에 나는 부산에 간다.

• Hay un concierto el día 25 de noviembre.
11월 25일에는 연주회가 있다.

• En diciembre hace mucho frío.
12월에는 날씨가 매우 춥다.

• En Corea llueve mucho en (el) verano.
한국에서는 여름에 비가 많이 온다.

• Ella va a casarse en el año que viene.
그녀는 내년에 결혼하려고 한다.

달의 이름

—Estamos a		
	1 de	ENERO.
	20 de	FEBRERO.
	10 de	MARZO.
	7 de	ABRIL.
	15 de	MAYO.
	30 de	JUNIO.
	26 de	JULIO.
	2 dc	AGOSTO.
	28 de	SEPTIEMBRE.
	22 de	OCTUBRE.
	9 de	NOVIEMBRE.
	25 de	DICIEMBRE.

Situación 상황 VIII

Práctica oral: *Imagine un diálogo.* 회화 실습: 대화를 상상해 보아요.

1.

—_____

—_____

2.

—_____

—_____

3.

—_____

—_____

4.

—_____

—_____

Lesson 8. ¿Quién llama?

8과의 핵심 내용

1. 제 3 변화 동사 : − ir형 동사
2. 소유형용사 전치형, 단수형

8 ¿Quién llama?

Andrés :　—¿Quién llama a la puerta?

Santiago :　—Es el cartero. Trae dos cartas para ti.
　　　　　　Una está certificada.
　　　　　　Es de tu familia. Tienes que firmar.

Andrés :　—Es de mi hermano. Contiene mi
　　　　　　carnet de conducir.

Santiago :　—Tú recibes muchas cartas. ¿verdad?

Andrés :　—Sí, ¿y tú no?

Santiago :　—Yo recibo pocas. Soy muy perezoso
　　　　　　y no escribo.

Andrés :　—Yo escribo una carta cada día, y
　　　　　　así siempre tengo noticias de mis
　　　　　　amigos y de mi familia.

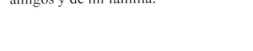

Santiago :　—Yo telefoneo. Es más cómodo.

Andrés :　—Tienes razón. Pero es más caro. Mi
　　　　　　familia vive en el extranjero, y cues-
　　　　　　ta mucho poner una conferencia.

8 누가 부르니? (누구야?)

Andrés : ＿문에서 누가 부르니?

Santiago : ＿집배원이야. 너에게 두 통의 편지를 가져왔어. 한통은 등기로 되어 있군. 네 가족에게서 온거야. 너는 서명을 해야만 해.

Andrés : ＿내 동생에게서 온 것이군. 나의 운전면허증을 동봉하고 있어.

Santiago : ＿너는 많은 편지들(을) 받지, 그렇지?

Andrés : ＿그래, 넌 그렇지 않니?

Santiago : ＿나는 약간(의 편지를) 받아. 나는 매우 게을러서, 편지를 쓰지 않아.

Andrés : ＿나는 매일 한 통의 편지를 써. 나는 이런식으로 항상 나의 친구들과 내 가족의 소식을 들어.

Santiago : ＿나는 전화를 걸어. 더 편하거든.

Andrés : ＿네 말이 옳아. 그러나 더 비싸지. 내 가족은 외국에서 살기 때문에 통화를 하는데 비용이 많이 들어.

단어 및 보충 해설

새로 나온 단어

quién *pron.* 누구

trae 가지고 오다 (traer 의 변화형)

certificada *f.* 등기우편, 등기우편의

contener *v.* 넣다, 포함하다 (tener동사와 같은 형태로 동사변화함)

mi 나의 (소유 형용사)

recibir *v.* 받다 (-ir형 동사 변화형)

así *adv.* 이런식으로

telefonear *v.* 전화를 걸다 (=llamar por teléfono)

cuesta *v.* 비용이 들다 (costar 변화형, mucho ~ 비용이 많이 들다)

conferencia *f.* 회담, 회의, 전화통화

cartero *m.* 집배원

carta *m.* 편지

carnet de conducir 운전면허증

poco(a)s 약간의

noticia *f.* 알림, 소식, 기사, 뉴스

más *adv.* 더

관용적 표현

a la puerta 문에서

dos cartas 두 통의 편지

para ti 전치격 인칭 대명사. 전치사 + yo, tú 는 → mí, ti 로

es de 너의 가족의 것이다. 즉 너의 가족에게서 온 것이다. (Ser de 의 용법으로 소유개념) (p39 참조)

Tienes que + inf (~inf 동사 해야만 한다.) Tener 가지다 의 변화형 (p121 참조)

¿verdad? 사실, 진실, 그렇지요?

cada día 매일 (= al día),영어의 each day

mis amigos 나의 친구들 (p19)

mi familia 나의 가족 (mi 소유형용사)

Tienes razón 네 말이 옳다 (관용적 표현)

poner una conferencia 통화를 하다

제 3변화 동사(-ir형 동사)

-ir : vivir 살다

	단수	복수	단수	복수
1인칭	Yo	Nosotros(as)	viv<u>o</u>	viv<u>imos</u>
2인칭	Tú	Vosotros(as)	viv<u>es</u>	viv<u>ís</u>
3인칭	El Ella Usted	Ellos Ellas Ustedes	viv<u>e</u>	viv<u>en</u>

ir형도 주어에 따라

S	P
-o	-imos
-es	-ís
-e	-en

으로 변한다.

> EX) • ¿Dónde vive Ud?
>> ➔ Yo vivo en Corea.
>> ➔ ¿Con quién vive Ud?
>> ➔ Yo vivo con mi familia en un apartamento.

어미가 -ir 형으로 끝나는 동사로 인칭과 수에 따라 어미변화를 암기하시오.

PRESENTE EN -IR	**ESCRIBIR** 쓰다	escrib-**O**	viv-**O**	-O
	vivir 살다	escrib-**ES**	viv-**ES**	-ES
	recibir 받다	escrib-**E**	viv-**E**	-E
	repartir 분배하다	escrib-**IMOS**	viv-**IMOS**	-IMOS
	compartir 나누다, 공용하다	escrib-**ÍS**	viv-**ÍS**	-ÍS
	abrir 열다	escrib-**EN**	viv-**EN**	-EN

Practique 연습해 보아요

I 인칭에 따라 보기와 같이 escribir를 변화시켜 보세요.

보기 Yo escribo muchas cartas.   *él.*   · —Él escribe muchas cartas.
나는 많은 편지들을 쓴다.   그는 많은 편지들을 쓴다.

1. *nosotros.*   · —_____

2. *ellos.*   · —_____

3. *María.*   · —_____

4. *Uds.*   · —_____

5. *José*   · —_____

6. *Ud.*   · —_____

7. *Carmen.*   · —_____

8. *Pedro.*   · —_____

II 보기와 같이 물음에 답하세요.

보기 ¿Vive Ud. en el extranjero? · —No, no vivo en el extranjero.
당신은 외국에서 사십니까?   아니오, 나는 외국에서 살지 않습니다.

1. ¿Vive Isabel en Francia?   · —_____

2. ¿Vivís vosotros en Inglaterra?   · —_____

3. ¿Viven Uds. en Italia?   · —_____

4. ¿Vivimos nosotros en América? · —_____

5. ¿Vives en Alemania?   · —_____

6. ¿Vivo yo en España?   · —_____

7. ¿Vive Ud. en Rusia?   · —_____

8. ¿Vive Juan en Holanda?   · —_____

Amplíe 활용해 보아요

그림을 보고 인칭과 수에 따라 -ir 형 동사가 변화함에 유의하면서 동사의 뜻을 익히세요.

1. **Vivo** en un apartamento.

2. El camarero **sirve** un café.

3. Isabel **escribe** una carta con una **pluma**.

4. **Recibimos** muchas cartas.

5. Luis **abre** la ventana.

6. El profesor **reparte** los ex-ámenes.

7. **Comparto** un piso con Antonio.

8. **Abro** la puerta.

9. María **cubre** la mesa con un mantel.

10. Juan **sufre** mucho.

새로나온 단어

apartamento 아파트	sirvir 서빙하다, 제공하다	pluma 볼펜	
examenes 시험들	piso 층, 아파트, 방	puerta 문, 대문	
cubrir 덮다	mesa 탁자	mantel 식탁보	sufrir 고통받다

소유형용사(대명사) : 명사가 복수면 형용사도 복수

MI 나의 TU 너의 SU 그의, 그녀의, 당신의	libro pluma	MIS TUS SUS	libros plumas

1. **Mi** hermano vive en el campo.
   Mi hermana vive en la ciudad.

· —**Mis** hermanos viven en el campo.
· —**Mis** hermanas viven en la ciudad.

2. **Tu** abuelo escribe un libro.
   Tu abuela escribe una nota.

· —**Tus** abuelos escriben un libro.
· —**Tus** abuelas escriben una nota.

3. **Su** amigo lee el periódico.
   Su amiga lee una revista.

· —**Sus** amigos leen el periódico.
· —**Sus** amigas leen una revista.

Hable

말해 보아요 그림을 보고 보기와 같이 문장을 완성하세요.

cuarenta(40)

Yo vivo en un apartamento.
나는 아파트에 산다.

cincuenta(50)

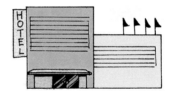

Mi hermano _____

sesenta(60)

Isabel _____

setenta(70)

_____ amigos _____

ochenta(80)

José _____

noventa(90)

_____ padre _____

cien(100)

Ud. _____

doscientos(200)

_____ amiga _____

trescientos(300)

Uds. _____

cuatrocientos(400)

_____ hijos _____

Practique 연습해 보아요

소유 형용사는 명사의 수에 일치하며, 주어가 복수이면 보어로 쓰이는 형용사도 복수형을 취한다. 명사의 성에 일치하는 경우 전치형에서는 nuestro(a), vuestro(a) 뿐이며, 후치형인 경우는 모두 해당한다.

I 보기와 같이 변화시키세요.

보기 Mi libro es fácil.   · —Mis libros también son fáciles.
나의 책은 쉽다.   나의 책들도 역시 쉽다.

1. Mi maleta es grande.   · —_____

2. Tu hermano es simpático.   · —_____

3. Su amiga es española.   · —_____

4. Tu amigo es muy amable.   · —_____

5. Su carta es muy larga.   · —_____

6. Mi diccionario es grande.   · —_____

7. Su disco es nuevo.   · —_____

8. Tu profesor es delgado.   · —_____

II 보기와 같이 물음에 답하세요.

보기 ¿Cómo es el diccionario de Juan? *grande.* · —Su diccionario es grande.
환의 사전은 어떻습니까?   그(환)의 사전은 큽니다.

1. ¿Cómo son los sombreros de Margarita? *modernos.* · —_____

2. ¿Cómo son los libros de Antonio? *viejos.* · —_____

3. ¿Cómo son tus amigos? *simpáticos.* · —_____

4. ¿Cómo son mis camisas? *nuevas.* · —_____

5. ¿Cómo es tu habitación? *agradable.* · —_____

6. ¿Cómo es el profesor de Luis? *alto.* · —_____

7. ¿Cómo es tu mantel? *ancho.* · —_____

8. ¿Cómo es la casa de María? *grande.* · —_____

Situación 상황 VII

Práctica oral: *Imagine un diálogo.* 회화 실습: 대화를 상상해 보아요.

1.

—
—

2.

—
—

3.

—
—

4.

—
—

Lesson 9. ¿A qué hora sale el tren?

9과의 핵심 내용

1. 어간모음 'O'가 'UE'로 변하는 동사

2. 시간을 나타내는 전치사 a
   A qué hora~ 몇 시에

3. 방향을 나타내는 전치사 a

4. 전치격 인칭대명사

9 ¿A qué hora sale el tren?

Viajero : —¿A qué hora sale el próximo tren para Tarragona?

Empleado : —Sale a las 11:30 del andén Ⅲ.

Viajero : —¿A qué hora llega?

Empleado : —Llega a las 12:30.

Viajero : —Un billete de ida y vuelta, por favor.

Empleado : —Son cinco euros.

Viajero : —Perdone. ¿Puedo fumar?

Anciana : —Sí. No importa.

Revisor : —Billetes, por favor. Gracias.

Viajero : —Tengo que volver esta tarde a Barcelona. ¿A qué hora hay trenes?

Revisor : —Este tren regresa a las siete de la tarde. Pero puede coger otros. Hay un tren cada media hora.

Anciana : —Disculpe, joven. ¿Puedo abrir la ventana? Hace mucho calor.

Viajero : —Sí. Yo mismo la abro.

Anciana : —Gracias.

9 기차가 몇 시에 떠납니까?

Viajero : __Tarragona행 다음 기차가 몇 시에 출발합니까?

Empleado : __세번째 플랫폼에서 11시 30분에 떠납니다.

Viajero : __몇 시에 도착합니까?

Empleado : __12시 30분에 도착합니다.

Viajero : __왕복표로 부탁합니다.

Empleado : __5유로 입니다.

Viajero : _ 미안합니다만, 담배를 피울 수 있을까요?

Anciana : __네, 괜찮아요.

Revisor : __표(승차권) 부탁합니다. 감사합니다.

Viajero : __전 오늘 오후 Barcelona로 돌아가야 하는데, 몇 시에 기차가 있나요?

Revisor : __이 기차는 오후 7시에 돌아갑니다. 그러나 다른 기차들을 탈 수 있어요. 30
분마다 기차가 있습니다.

Anciana : __죄송합니다만(용서하세요), 창문을 열 수 있을까요? 날씨가 매우 덥군요.

Viajero : __예, 제가 문을 열겠습니다.

Anciana : __감사합니다.

단어 및 보충 해설

새로 나온 단어

andén *m.* 복도, 플렛폼, 보도, 인도

un billete *m.* 지폐, 표, 탑승권, 승차권

perdone *v.* 용서하다, 간과하다, 못 본채 하다 (perdonar 3인칭 명령)

importar 수입하다, 중요하다

regresar 돌아가다, 돌아오다

disculpe 변명해 주다, 용서하다, 묵인하다, 눈 감아 주다 (disculpar 의 3인칭 명령형)

llegar *v.* 도착하다

un billete de ida 편도 (y vuelta 왕복표)

volver 되돌아 가다, 반대쪽으로 돌리다

관용적 표현

¿A qué hora sale? 몇 시에 떠납니까? (시간을 나타내는 전치사 a~, ~몇 시에)

de la mañana 정확한 오전 ~시에 (de la tarde 오후~시에, de la noche 저녁~시에)

media hora 30분

coger + 교통수단
(교통수단을 타다)

taxi
tren
autobús
metro

próximo tren 다음 열차

a Tarrangona 따랑고로 (곧장)가는

poder + inf inf 할수 있다 (ue 어간 모음 변화동사)

para Trarrangona 따랑고 행

hace + 날씨

calor 덥다
frío 춥다
sol 햇볕이 나다
viento 바람이 분다   p178, 179 참조

Yo mismo la abro. 제가 열겠습니다. (la 목적 대명사– ventana를 가리킴)

yo mismo 내 자신이

Esquema gramatical 문법 도해 Ⅰ

1. 어간모음 'O'가 'UE'로 변하는 동사

SALIR		VOLVER	PODER
salgo		vuelvo	puedo
sales		vuelves	puedes
sale	O → UE	vuelve	puede
salimos		volvemos	podemos
salís		volvéis	podéis
salen		vuelven	pueden

2. contar 계산하다, 이야기하다
ue → 규칙과 동일하게 변함

cuento contamos
cuentas contáis
cuenta cuentan

다음의 동사들은 위의 동사와 동일한 변화형을 갖는다.

제 1변화 동사(-ar형)	
recordar 기억하다	almozar 점심을 먹다
encontrar 발견하다	costar 비용이 들다
rogar 간청하다	acordar 결정하다
acostar 눕히다	soñar 꿈꾸다

제2변화 동사(-er형)	
mover 움직이다	poder 할 수 있다
volver 돌아오다	llover 비가 오다
doler 아프다	

제3변화 동사(-ir)	
dormir 자다	morir 죽다
adormir 잠들다	

Practique 연습해 보아요

시간을 나타내는 전치사 **A qué hora~**, 몇 시에 ~ 하다.

보기처럼 질문에 답하세요.

> **보기** ¿A qué hora sale el tren? —El tren sale a las **12:00**
> 그 기차는 몇 시에 떠납니까?   그 기차는 12:00에 떠납니다.
>
> ¿A qué hora llega? —Llega a las **3:40**
> 몇 시에 도착합니까?   3시 40분에 도착합니다.

1. el tren.   10:15 / 8:00

2. el autobús.   11:10 / 5:30

3. el avión   10:20 / 3:10

4. el cartero.   10:05 / 3:10

5. el médico.   8:45 / 9:40

6. la enfermera.   12:35 / 1:15

7. la secretaria.   4:45 / 2:22

8. la señora.   5:50 / 6:40

9. la profesora.   3:25 / 11:03

10. María.   6:25 / 11:20

Amplíe 활용해 보아요

해석 P295

시간을 나타내는 전치사 a 와 방향을 나타내는 전치사 a를 구분하세요.

1. El tren **sale a** las 8:00.

2. El tren **llega a** las 10:00.

3. Antonio **sale de** la oficina a las 5:00.

4. **Llega a** casa a las 5:30.

5. **Salgo a** comer a las 13:30.

6. **Vuelvo a** la oficina a las 3:45.

7. A las **8:40 cogemos** el autobús para ir a la escuela.

8. A las **9:00 llegamos** a la escuela.

Hable 말해 보아요 그림을 보고 Sánchez 씨의 하루일과를 표현해 보세요.

¿Qué hace el Sr. Sánchez cada día?
매일 산체스씨는 뭘 합니까?

1.

quinientos(500)

2.

seiscientos(600)

3.

setecientos(700)

4.

ochocientos(800)

5.

novecientos(900)

6.

mil(1000)

7.

dos mil(1100)

8.

tres mil(1200)

9.

cuatro mil(1300)

10.

cinco mil(1400)

Esquema gramatical 문법 도해 Ⅱ

전치격 인칭 대명사로 전치사 + Yo, Tú 만 → mí, ti 로 변함

이 책은 너를 위한 거야.

PARA Mí (나를 위해)

PARA TI (너를 위해)

PARA ÉL/ ELLA (그, 그녀를 위해)

PARA NOSOTROS/ NOSOTRAS (우리를 위해)

PARA VOSOTROS/ VOSOTRAS (너희를 위해)

PARA ELLOS/ ELLAS (그들, 그녀들을 위해)

이 편지는 이사벨을 위한 것이고,
그녀를 위한 것이다.
이것(편지)은 호세를 위한 것이고
그를 위한 것이다.
그리고 이것(편지)은 우리를 위한 것이다.

이 편지는 뻬드로에게서 온 것이고
나를 위한 것이다.

이 꽃들은 까르멘과 삘라르를 위한 것이고
그녀들의 것이다.

이 얘기들은 아이들을 위한 것이고
그들의 것이다.

Practique 연습해 보아요

I **Es un libro.** 한 권의 책이다.   · —**Es para mí.** 나를 위한 것이다.

1. Esta revista es de José.   · —_____
2. Ésta es tu carta.   · —_____
3. Estas flores son para María.   · —_____
4. Éstos son nuestros cuentos.   · —_____
5. Éste es vuestro coche.   · —_____
6. Este billete es de Ud.   · —_____
7. Este disco es de Antonio.   · —_____
8. Esta pluma es para Ángel.   · —_____

¿PARA QUIÉN ES?
누구를 위한 것인가요?

ES PARA MÍ
나를 위한 것이다.

II *Billete.*   · —¿Para quién es este billete?

1. *bicicleta.*   · —_____
2. *coche.*   · —_____
3. *flores.*   · —_____
4. *carta.*   · —_____
5. *diccionario.*   · —_____
6. *helado.*   · —_____
7. *bocadillo.*   · —_____
8. *periódico.*   · —_____

Situación 상황 IX

1.

— _____
— _____

2.

— _____
— _____

3.

— _____
— _____

4.

— _____
— _____

Entonación

Disculpe,   ¿puedo cerrar la ventana?

Ejercicio:

1. Disculpe, ¿puedo abrir la puerta?
2. Disculpe, ¿puedo mirar el periódico?
3. Disculpe, ¿puedo escuchar la radio?
4. Disculpe, ¿puedo fumar en clase?
5. Disculpe, ¿puedo ver la televisión?
6. Disculpe, ¿puedo leer el libro?
7. Disculpe, ¿puedo ver a Juan?
8. Disculpe, ¿puedo hablar con Usted?
9. Disculpe, ¿puedo jugar en la plaza?
10. Disculpe, ¿puedo usar tu bicicleta?

Lesson 10. ¡Bienvenidas!

10과의 핵심 내용

1. 소유형용사 (전치형, 후치형)
2. 소유대명사(정관사+소유형용사 후치형)

10 ¡Bienvenidas!

Policía : —¿Viajan Uds. juntas?

Ana : —Sí, señor.

Policía : —¿Puedo ver sus pasaportes?

Ana : —Aquí tiene el mío.

María : —Y éste es el mío.

Policía : —¿Son Uds. turistas?

Ana y
María : —No. Somos estudiantes. Venimos a
hacer un curso de español.

Policía : —Bien. Todo está en orden. Gracias.

Policía : —¿Son éstas sus maletas?

Ana : —No. Éstas no son nuestras.
Las nuestras son aquéllas.

Policía : —¿Tienen algo que declarar?

María : —No. Sólo llevamos ropa y libros.

Policía : —Pueden pasar.
Feliz estancia en nuestro país.

Ana : —Mira. Allí están nuestros amigos
Fernando y Luis.

Fernando y
Luis : —Bienvenidas a España.
¿Es éste todo vuestro equipaje?

Ana : —Sí. No tenemos nada más.

Fernando : —Entonces vamos al coche.

10 환영합니다!

Policía :　__당신들은 함께 여행 하십니까?

Ana :　__네, 그렇습니다.

Policía :　__여러분의 여권을 볼 수 있을까요?

Ana :　__제 것 여기 있습니다.

María :　__그리고 이건 제 것입니다.

Policía :　__당신들은 관광객이십니까?

Ana y

María :　__아니요. 우리는 학생입니다. 우리는 스페인어 과정을 이수하러 왔습니다.

Policía :　__좋아요. 모든 것이 괜찮군요. 감사합니다.

Policía :　__이것들이 당신들의 가방입니까?

Ana :　__아니요. 이것들은 우리의 것이 아니라 저것들이 우리의 것들입니다.

Policía :　__신고할 어떤 것 있으세요?

María :　__아니요. 단지 옷과 책들을, 휴대(운반)할 뿐이에요.

Policía :　__통과하십시오. 우리나라에서 행복하게 머무시길..

Ana :　__저기 봐. 저기 우리 친구들 Fernando와 Luis 가 있어.

Fernando y

Luis :　__스페인에 온 걸 환영한다. 이것이 모두 너희들의 짐이니?

Ana :　__그래. 우리는 더 이상 아무것도 없어.

Fernando :　__그렇다면 승용차로 가자.

단어 및 보충 해설

새로 나온 단어

viajan *v.* 여행하다 (viajar 3인칭 복수형)

juntos(as) *adv. adj.* 함께 (여기서는 상대가 모두 여성이므로 Juntas)?

turista *f.* 관광객

maletas *f.* 여행용 가방

algo *pron.* 무언가, 얼마간, 어떤(것) ≠ nada 아무것도 아니다, 없다

declarar *v.* 선언하다, 신고하다

sólo *adv.* 오직 (solamente)

solo *adj.* (형용사로서) 쓸쓸히, 외로이

ropa *f.* 옷, 의류

pasar *v.* 지나가게 하다, 통과시키다

allí *adv.* 저기

equipaje *f.* 여장, 행장, 짐, 수하물

vamos *v.* 가다 (ir 의 불규칙 변화형)

〈환영합니다 표현〉

Bienvenidas. 환영한다. (상대방이 여성 다수)

Bienvenidos a Corea. 한국에 오신 것을 환영합니다.

Bienvenido 상대방이 남성인 경우

Bienvenidos 상대방이 남,여 혼성인 경우

Bienvenida 상대방이 여성인 경우

관용적 표현

sus pasaportes 여러분의 여권들 (sus 소유형용사)

Aquí tiene (está). 여기 있습니다.

el mío → mi pasaporte 소유대명사

venir a inf ~inf 하러오다 (venir 불규칙 동사)

hacer un curso 코스를 이수하다

todo está en orden 모든게 괜찮군요

son (las) nuestras (ser 동사 다음에 소유대명사가 올 때 정관사 생략하는 게 일반적임)

las nuestras → 소유대명사

feliz estancia 행복한 체류

Bienvenidas a España. 스페인에 온 것을 환영합니다.

소유 형용사 활용 연습

우리들의	NUESTRO NUESTRA			NUESTROS NUESTRAS	
너희들의	VUESTRO VUESTRA	libro casa		VUESTROS VUESTRAS	libros casas
그들의	SU			SUS	
뒤에 오는 명사가 여성일때 o → a 로, 복수이면 +s 를 넣는다					

소유 형용사(대명사)

7과는 소유형용사 단수형을 다뤘다. 이 과에서는 복수형을 다루겠다. 소유형용사는 위와 같이 전치형, 후치형이 있는 데 정리하면 아래와 같디. 아울러서 소유대명사까지도 기억하도록 하자.

1. 소유 형용사

가. 전치형 (명사 앞에 놓인다. 명사가 복수이면 복수형을 취한다)

mi(s)	나의	nuestro(a)s	우리들의
tu(s)	너의	vuestro(a)s	너희들의
su(s)	그, 그녀, 당신의	su(s)	그들, 그녀들, 당신들의

> **EJ)** mi libro 나의 책　　→　　mis libros
>
> 　　　tu casa 너의 집　　→　　tus casas

◆ 'su'는 단수, 복수가 동형이므로 문맥상 구분해 준다.

> **EJ)** • Ella tiene un libro. Su libro está sobre la mesa.
> 　　　그녀는 책 한권을 가지고 있다. 그녀의 책은 책상 위에 있다.
>
> 　　　• José estudia en su casa.
> 　　　호세는 자기 집에서 공부한다.

나. 후치형 (명사 뒤에 놓인다. 명사가 복수이면 복수형을 취한다)

mío(a)s	나의	nuestro(a)s	우리들의
tuyo(a)s	너의	vuestro(a)s	너희들의
suyo(a)s	그, 그녀, 당신의	suyo(a)s	그들, 그녀들, 당신들의

EJ) mi libro   =   el libro mío

mi casa   =   la casa mía

mi amor   =   el amor mío

2. 소유 대명사

"정관사 + 소유 형용사 후치형"의 형태

EJ) tu libro y mi libro   =   tu libro y el mío

mi casa y tu casa   =   mi casa y la tuyo

참고

소유대명사는 ser동사의 보어로 쓰일 경우, 정관사를 생략해도 된다.

Practique 연습해 보아요

I 보기와 같은 물음에 소유의 의미를 나타내는 ser de를 활용하여 답하세요.

보기 **¿De quién es este libro?** *Juan.*   · —**Es de Juan.**
이 책은 누구의 것입니까?   환의 것입니다.

1. ¿De quién es esta maleta? *Isabel.*   · —_____

2. ¿De quién son estas plumas? *los niños.*   · —_____

3. ¿De quién es esta casa? *mi hermano.*   · —_____

4. ¿De quién es este coche? *nuestros amigos.* · —_____

5. ¿De quién son aquellos discos? *nuestras amigas.* · —_____

6. ¿De quién es esta oficina? *su tío.*   · —_____

7. ¿De quién es aquel periódico? *vuestro padre.* · —_____

8. ¿De quién es esta camisa? *tu hermano.*   · —_____

II

보기 **¿Son estos libros de ustedes?**   · —**Sí, son nuestros libros.**
이 책들은 당신들의 것입니까?   예, 우리의 책들입니다.

1. ¿Son estas plumas de los niños?   · —_____

2. ¿Es este coche de nuestros padres?   · —_____

3. ¿Son estas maletas de las señoritas?   · —_____

4. ¿Son estos cuadros de vuestros amigos? · —_____

5. ¿Son estos nuestros diccionarios?   · —_____

6. ¿Son estos coches de ustedes?   · —_____

7. ¿Son estas camisas de Luis y Antonio? · —_____

8. ¿Son estas faldas de María?   · —_____

Amplíe 활용해 보아요

해석 P295

소유대명사 (정관사 + 소유형용사 후치형)
그러나 ser동사의 보어가 되는 경우 정관사를 생략해도 된다.

Ésta es mi **cartera.** Es **mía.**

Aquélla es tu camisa. Es **tuya.**

Éste es tu **bolso.** Es **tuyo**.

Estas son sus maletas. Son **suyas.**

Ésta es nuestra **cocina**. Es **nuestra**.

Éstos son nuestros discos. Son **nuestros**.

Aquél es vuestro apartamento. Es **vuestro**.

Éstas son vuestras **llaves**. Son **vuestras**.

Aquéllos son mis cuadros. Son **míos**.

Éstas son tus cartas. Son **tuyas**.

소유 대명사 활용 연습

소유형용사 후치형	MÍO TUYO SUYO MÍA, TUYA, SUYA etc....	소유대명사 〈정관사 + 소유형용사 후치형〉 (이때 정관사는 피소유물의 성, 수 일치)	EL MÍO EL TUYO EL SUYO LA MÍA etc....
	MÍOS, TUYOS, SUYOS MÍAS, TUYAS, SUYAS etc....		LOS MÍOS LAS MÍAS etc....

[Practique]

보기와 같이 소유대명사(정관사+후치형)를 활용하여 답하세요.

보기 Tu libro es interesante, pero mi libro es aburrido.

너의 책은 재미있다. 그러나 나의 책은 지루하다.

· —Tu libro es interesante, pero el mío es aburrido.

너의 책은 재미있다. 그러나 나의 것(책)은 지루하다.

1. Mi cartera es nueva, pero tu cartera es vieja.

· —_____

2. Nuestros sombreros son buenos, pero vuestros sombreros son malos.

· —_____

3. Tus camisas están limpias, pero mis camisas están sucias.

· —_____

4. Nuestro coche es alemán, pero su coche es español.

· —_____

5. Mi lección es fácil, pero tu lección es difícil.

· —_____

6. Mis maletas están abiertas, pero tus maletas están cerradas.

· —_____

7. Vuestra casa es alta, pero nuestra casa es baja.

· —_____

8. Tu cocina es grande, pero mi cocina es pequeña.

· —_____

Hable 말해 보아요

해석 P296

그림을 보고 보기와 같이 소유대명사를 활용하여 문장을 완성하세요.

primero 첫 번째

보기

Tu casa es alta.

La mía también es alta.

segundo 두 번째

Nuestros vecinos son simpáticos.

Los _____

tercero 세 번째

Tus cartas son interesantes.

Las _____

cuarto 네 번째

Vuestro jardín es bonito.

El _____

quinto 다섯 번째

Sus maletas son pesadas.

Las _____

sexto 여섯 번째

Vuestras calles están limpias.

Las _____

séptimo 일곱 번째

Mis libros son nuevos.

Los _____

octavo 여덟 번째

Tu hijo fuma mucho.

El _____

noveno 아홉 번째

Su sombrero es muy elegante.

El _____

décimo 열 번째

Mis manos están sucias.

Las _____

Recuerde 기억해요

소유형용사	MI	TU	SU	NUESTRO/-A	VUESTRO/-A	SU
전치형	MIS	TUS	SUS	NUESTROS/-AS	VUESTROS/-AS	SUS
소유형용사	MÍO/-A	TUYO/-A	SUYO/-A	NUESTRO/-A	VUESTRO/-A	SUYO/-A
후치형	MÍOS/-AS	TUYOS/-AS	SUYOS/-AS	NUESTROS/-AS	VUESTROS/-AS	SUYOS/-AS

[Practique]

Ⅰ 보기와 같이 소유대명사를 활용하여 답하세요.
이때 ser의 보어를 쓰일 때 정관사를 생략한다.

> **보기** ¿Es tuyo este libro?　　　　　　　　　　·　—Sí, es mío.
> 　　　　이 책은 네 것이니?　　　　　　　　　　　　　그래. 내 것이야.

1. ¿Son vuestras aquellas camisas?　　　·　—_____

2. ¿Es de Juan aquella bicicleta?　　　　·　—_____

3. ¿Son de los Sres. Pérez aquellos apartamentos?　·　—_____

4. ¿Son tuyas estas cartas?　　　　　　·　—_____

5. ¿Es de los niños esta guitarra?　　　·　—_____

6. ¿Es de Ud. aquel coche?　　　　　　·　—_____

7. ¿Son de las secretarias estas sillas?　·　—_____

8. ¿Son de Juan estos cuentos?　　　　·　—_____

Ⅱ 보기와 같은 답이 나올 수 있도록 질문하세요.

> **보기** El libro es mío.　　　　　　　·　—¿De quién es el libro?
> 　　　　그 책은 내 것이다.　　　　　　　　　그 책은 누구의 것입니까?

1. El tocadiscos es de Luis.　　　·　—_____

2. La casa es nuestra.　　　　　·　—_____

3. Los pasaportes son vuestros.　·　—_____

4. Las maletas son del Sr. Sánchez.　·　—_____

5. El sombrero es suyo.　　　　·　—_____

6. El restaurante es de Ud.　　·　—_____

7. Los cuadros son tuyos.　　　·　—_____

8. Los billetes son míos.　　　　·　—_____

Situación 상황 X

Práctica oral: *Imagine un diálogo.* 회화 실습: 대화를 상상해 보아요.

1.

— _____
— _____

2.

— _____
— _____

3.
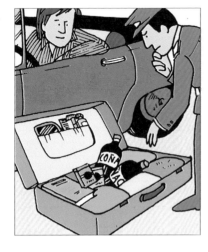

— _____
— _____

4.

— _____
— _____

Lesson 11. ¿De qué color la quiere?

11과의 핵심 내용

1. 사람과 사물을 나타내는 목적 대명사

2. 색깔을 묻고 답하는 표현

11 ¿De qué color la quiere?

Vendedor : —¿Qué desea?

Cliente : —Quiero comprar una camisa.

Vendedor : —¿La quiere blanca o de color?

Cliente : —La quiero de color.

Vendedor : —Las tenemos de muchos colores: azules, verdes, amarillas, negras, rojas y a cuadros.

Cliente : —Está bien. Uso la talla 40.

Vendedor : —¿Desea algo más?

Cliente : —Sí, una corbata.

Vendedor : —¿De qué color la quiere?

Cliente : —Verde, por favor.

Vendedor : —Ésta está muy bien.

Cliente : —Sí, de acuerdo.
También quiero comprar un bolso.

Vendedor : —¿Es para Usted?

Cliente : —No. Es para regalar a una amiga.
Mañana es su cumpleaños.

Vendedor : —Este modelo está de moda.
Lo tenemos en marrón y en negro.

Cliente : —¿Cuánto cuesta?

Vendedor : —100 euros.

Cliente : —Es un poco caro, pero es muy bonito.
Lo compro.

11 무슨 색을 원하십니까?

Vendedor : __무엇을 원하십니까?

Cliente : __하나의 와이셔츠를 사고 싶어요.

Vendedor : __흰색, 혹은 색상 있는 걸 원하십니까?

Cliente : __색상 있는 걸 원합니다.

Vendedor : __우리는 많은 색상의 와이셔츠를 보유하고 있습니다. 파란색, 녹색, 노란색, 검정색, 빨간색 그리고 체크무늬 등.

Cliente : __좋아요. 전 치수 40을 사용합니다.

Vendedor : __어떤 것을 더 원하십니까?

Cliente : __예. 넥타이도요.

Vendedor : __무슨 색상으로 원하십니까?

Cliente : __녹색으로 부탁합니다.

Vendedor : __이것이 매우 좋아요.

Cliente : __네, 동의합니다. 그리고 하나의 지갑을 사고 싶군요.

Vendedor : __당신이 쓰시게요?

Cliente : __아니요. 여자친구에게 선물하기위해서요. 내일이 그녀의 생일이예요.

Vendedor : __이 모델이 유행중입니다. 검정색과 갈색으로 된 것이 있습니다.

Cliente : __얼마입니까?

Vendedor : __100유로 입니다.

Cliente : __조금 비싸군요. 그러나 매우 아름답군요. 그것으로 사겠습니다.

단어 및 보충 해설

새로 나온 단어

vender *v.* 팔다 (vendedor m. f. 파는 사람. 상인)

camisa *f.* 와이셔츠

color *m.* 색

verde *m.* 녹색

negro(a) *m.* 검정색

a cuadros *m.* 체크무늬

algo *pron.* 어떤 것

moda *f.* 유행

cliente *m.* 손님. 고객

blanco(a) *adj.* 흰색

azul *m.* 청색

amarillo(a) *m.* 노란색

rojo(a) *m.* 빨강색

talla *f.* 사이즈, 크기

corbata *f.* 넥타이

marrón *adj.* 밤색의

관용적 표현

¿De qué color la quiere? 무슨 색의 그것(넥타이)를 원하십니까? (la = una corbata)

de acuerdo 동의하다 (문장 앞에 estar가 생략)

está de moda 유행중이다

está de última moda 최신 유행중이다

en marrón 밤색으로 (된)

¿Cuánto cuesta (vale / es)? 얼마입니까? (costar -ue 동사변화)

lo compro 목적 대명사 lo(este modelo 지칭)

Ésta está muy bien. 이것이 매우 좋군요. (Ésta 지시 대명사, está 동사)

LO	사물 남성단수를 받는 목적대명사	LA	사물 여성단수를 받는 목적대명사
LOS	사물 남성복수를 받는 목적대명사	LAS	사물 여성복수를 받는 목적대명사

참고

위 목적대명사의 일반적 위치는 동사 앞에 놓인다.(물론 사람을 받을 수도 있음)

1. 직접 목적 대명사(~을, 를)

단수	복수
1. me 나를	nos 우리들을
2. te 너를	os 너희들을
3. le 그를	les 그들을
lo 그를, 물건 - 그것을 男	los 그들을, 물건 - 그것들을 男
la 그녀를, 물건 - 그것을 女	las 그녀들을, 물건 - 그것들을 女

요즘 le나 les는 lo나 los로 대체하는 경향임

참고

$$\left.\begin{array}{ll} \text{lo} & \text{los(男)} \\ \text{la} & \text{las(女)} \end{array}\right\} \rightarrow 사람, 사물을 받을 수 있음$$

2. 간접 목적 대명사(~에게)

단수	복수
1. me	nos
2. te	os
3. le	les

목적 대명사(직접, 간접)의 일반적인 위치는 동사의 변화형 앞에 놓인다. 그러나 긍정명령, 현재분사, 원형동사(inf)와 함께 어울리는 경우 한 단어처럼 그 어미에 붙인다. 이때 강세(´) 표시에 주의(원래 위치에 강세).

Esquema gramatical 문법 도해

A. 사물이 목적어로 오는 경우.

EJ) • ¿Compra Ud. el libro?

➔ Sí. Lo compro.

• ¿Lee Ud. la novela?

➔ Sí. La leo.

B. 직접 · 간접 목적 대명사가 함께 오는 경우는 간접+직접+동사 의 변화형 순으로 놓인다.

이때 간접, 직접 목적 대명사가 모두 3인칭일 때 앞에 놓이는 간접 목적 대명사(le, les)는 se로 고친다. se가 누구인지 확실치 않을 때는 중복형을 쓴다.

EJ) • Yo doy los libros a Uds.

• Yo les doy los libros.

• Yo les los doy.

➔ 간접 목적어, 직접 목적어 가 3인칭 이므로 les → se로

• Yo se los doy a Uds.

➔ 중복형

나는 당신들에게 책들을 준다.

C. 긍정 명령 다음에 목적 대명사가 오는 경우

EJ) • Toma (tú) un café.

➔ Tómalo.

• Besa (tú) musho a mí.

➔ Bésame musho.

D. 현재 분사 다음에 목적 대명사가 오는 경우

EJ) • Estoy estudiando español.

➔ Estoy estudiándolo.

E. 원형 동사 다음에 목적 대명사가 오는 경우

EJ) • Quiero leer una novela.

➔ Quiero leerla.

Practique 연습해 보아요

나는 비행기를 본다.

나도 역시 그것을 본다.

나는 소설을 읽는다.

나도 역시 그것을 읽는다.

나는 장미 한 다발을 원한다. 빨간 것들을 원한다.

나는 바지를 원한다. 회색의 것들을 원한다.

Practique 연습해 보아요

I 보기처럼 목적대명사로 변화시켜보세요.

보기 Escribo una carta.　　　　　· —La escribo.
나는 편지 한 통을 쓴다.　　　　　나는 그것(편지)을 쓴다.

1. Compro un sombrero.　　　· —_____

2. Escuchamos la radio.　　　· —_____

3. Leen el periódico.　　　· —_____

4. Abro la ventana.　　　· —_____

5. Hacemos el ejercicio.　　　· —_____

6. Escribo una novela.　　　· —_____

7. Compro un bolso.　　　· —_____

8. Vemos un avión.　　　· —_____

¿ CÓMO　　LAS　　QUIERE ?

어떤 Las 그것들(사물 여성형) 을 원하십니까?

I 보기처럼 목적대명사를 활용하여 답해 보세요.

보기 ¿Cómo quiere Ud. las camisas? *blancas.* · —Las quiero blancas.
어떤 와이셔츠를 원하십니까?　　　　　나는 하얀 것들(와이셔츠)을 원합니다.

1. ¿_____las corbatas? *azules.*　　· —_____

2. ¿_____los sombreros? *negros.*　　· —_____

3. ¿_____las sillas? *bajas.*　　· —_____

4. ¿_____las flores? *amarillas.*　　· —_____

5. ¿_____las faldas? *azules.*　　· —_____

6. ¿_____los libros? *nuevos.*　　· —_____

7. ¿_____las ventanas? *blancas.*　　· —_____

8. ¿_____las maletas? *rojas.*　　· —_____

Amplíe 활용해 보아요

해석 P296

다양한 색상의 표현을 정리하세요.

ciento uno(101)

El Sr. Pérez lleva un sombrero.
Es **gris**.

ciento dos(102)

María compra un ramo de rosas.
Son **rojas**.

ciento tres(103)

Antonio lleva un traje nuevo.
Es **azul**.

ciento cuatro(104)

Isabel tiene un vestido elegante.
Es **rosa**.

ciento cinco(105)

La Sra. Martínez lleva un abrigo.
Es **marrón**.

ciento seis(106)

Luis prueba unos zapatos.
Son **negros**.

ciento siete(107)

Miguel compra unos pantalones.
Son **azules**.

ciento ocho(108)

María compra una falda.
Es **verde**.

ciento nueve(109)

Marta compra unas medias.
Son **amarillas**.

ciento diez(110)

Miguel compra un par de calcetines.
Son **grises**.

Practique 연습해 보아요

¿ DE QUÉ COLOR ES _____ ?
_____가 무슨 색(깔) 입니까?

Ⅰ 보기와 같이 답해보세요.

보기 ¿De qué color es su sombrero? *gris.* · —Mi sombrero es gris.
당신의 모자는 무슨 색입니까?   나의 모자는 회색입니다.

1. ¿De qué color son sus zapatos? *marrones.* · —_____

2. ¿De qué color es tu traje? *negro.* · —_____

3. ¿De qué color son vuestros abrigos? *azules.* · —_____

4. ¿De qué color es el sombrero de Antonio? *marrón.* · —_____

5. ¿De qué color son los pantalones de José? *grises.* · —_____

6. ¿De qué color es nuestro coche? *azul.* · —_____

7. ¿De qué color es vuestra casa? *blanca.* · —_____

8. ¿De qué color son tus calcetines? *verdes.* · —_____

Ⅱ 보기처럼 질문해 보세요.

보기 **Tu camisa.** · —**¿De qué color es tu camisa?**
너의 와이셔츠   당신의 와이셔츠는 무슨 색입니까?

1. Tus pantalones. · —_____

2. Su traje. · —_____

3. Tus medias. · —_____

4. Vuestra casa. · —_____

5. Tus zapatos. · —_____

6. Su abrigo. · —_____

7. Vuestros vestidos. · —_____

8. Nuestro coche. · —_____

Hable 말해 보아요

Mi hermano es alto.

Tiene el pelo negro y los ojos castaños.

Lleva una corbata roja, una camisa blanca, una chaqueta azul y unos pantalones grises.

Sus zapatos son negros.

Pesa 60 kilos.

Es delgado.

나의 형제는 (키가) 크다.
검정 머리카락과 갈색의 눈동자를 지녔으며, 빨간 넥타이, 하얀 와이셔츠, 푸른색 자켓 그리고 회색의 바지를 입고 있다.
그의 신발은 검정색이다. 그의 몸무게는 60kg이며 늘씬하다.

Mi hermana es baja.

Tiene el pelo rubio y largo.

Sus ojos son azules.

Lleva una falda amarilla y una blusa verde.

Sus zapatos son rojos y sus medias blancas.

Pesa 59 kilos.

Es gorda.

나의 자매는 (키가) 작다.
금발이고 긴 머리카락을 지녔으며, 그녀의 눈동자는 푸르다.
노란 스커트와 녹색의 블라우스를 입고 있다.
그녀의 신발은 빨간색이며 스타킹은 하얗다. 그녀의 몸무게는
59kg이며 뚱뚱하다.

Describa a un amigo o compañero de clase.
(친구나 학교 동료를 묘사해 보세요.)

Recuerde 기억해요

I

¿QUÉ QUIERES COMPRAR?
(넌) 무엇을 사고 싶니?

QUIERO COMPRAR _____
(난) ~를 사고 싶다.

¿Qué quieres comprar? *una corbata.*
넌) 무엇을 사고 싶니?

—Quiero comprar una corbata.
나는 넥타이를 사고 싶다.

1. *un bolso.*
— _____

2. *una guitarra.*
— _____

3. *un libro.*
— _____

4. *una camisa.*
— _____

5. *un tocadiscos.*
— _____

6. *un televisor.*
— _____

7. *una bicicleta.*
— _____

8. *un coche.*
— _____

II Querer + inf : inf 하기를 원한다

¿DE QUÉ COLOR ES _____?
~가 무슨 색깔입니까? (단수)

¿DE QUÉ COLOR SON _____?
~가 무슨 색깔입니까? (복수)

보기와 같이 소유대명사를 활용하여 답하세요.

보기 Mi camisa es blanca.
나의 와이셔츠는 하얀색이다.

—La mía también es blanca.
내것(와이셔츠)도 역시 하얀색이다.

1. Mis pantalones son grises.
— _____

2. Tus zapatos son marrones.
— _____

3. Nuestras maletas son verdes.
— _____

4. Su sombrero es azul.
— _____

5. Vuestra casa es blanca.
— _____

6. Tu falda es roja.
— _____

7. Tu pelo es rubio.
— _____

8. Sus ojos son castaños.
— _____

Situación 상황 XI

Práctica oral: *Imagine un diálogo.* 회화 실습: 대화를 상상해 보아요.

1.

— _____
— _____

2.

— _____
— _____

3.

— _____
— _____

4.

— _____
— _____

Lesson 12. **¿Qué tiempo hace hoy?**

12과의 핵심 내용

1. 날씨에 대한 표현

2. 빈도부사

3. -ir a ～ (～로 가다),
   venir de ～ (～에서 오다)

12 ¿Qué tiempo hace hoy?

Klaus : —¿Qué tiempo hace hoy?

Antonio : —Hace sol. Podemos ir a la playa.

Klaus : —Sí, vamos. ¿No llueve nunca en este país?

Antonio : —Llueve bastante en el Norte: Galicia, Asturias, Santander y País Vasco.

Klaus : —En mi país nieva mucho. ¿Y aquí?

Antonio : —En invierno nieva en el Centro y en las montañas altas.

Klaus : —¿Son muy bajas las temperaturas?

Antonio : —En invierno hace frío en la meseta y en las montañas. Pero el clima siempre es suave en las costas.

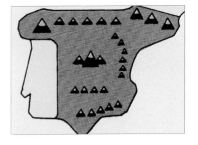

—A veces hace mucho viento, sobre todo en otoño y en invierno. En verano generalmente hace calor. En el Norte el clima es húmedo y llueve con frecuencia.

Klaus : —¿Qué estación prefieres tú?

Antonio : —Prefiero la primavera. Llueve de vez en cuando. Pero a menudo hace sol. La temperatura es muy agradable en todo el país.

12 오늘 날씨가 어떻습니까?

Klaus :   __오늘 날씨가 어떻습니까?

Antonio :   __화창해. 우리는 해변에 갈 수 있어.

Klaus :   __그래, 가자. 이 나라에서는 결코 비가 오지 않니?

Antonio :   __갈리시아, 아스뚜리아스, 산딴데르 그리고 빠이스 바스꼬 와 같은 북쪽(지역)
            에서는 충분히 비가 와.

Klaus :   __나의 나라에서는 눈이 많이 오는데, 그런데 이곳은?

Antonio :   __겨울에 높은 산악지대와 중부지역에서 눈이 와.

Klaus :   __온도(기후)는 매우 낮니?

Antonio :   __겨울에는 산악지대와 고원(지대)에선 춥지. 그러나 기후는 해안가에서는 항상
            온화해.

            __가끔 바람이 많이 불어, 특히 가을과 겨울에는. 여름에는 일반적으로 덥지. 북
            쪽(지역)에서는 기후는 습하고, 자주 비가 오지.

Klaus :   __넌 무슨 계절을 선호하니?

Antonio :   __난 봄을 선호해. 가끔 비가 오고, 그러나 자주 화창해. 온도(기후)는 전국적으
            로 쾌적하지.

단어 및 보충 해설

새로 나온 단어

playa *f.* 해변

llover *v.* 비가 오다 (어간 o → ue 로 변화, 자연현상이므로 3인칭 단수만 사용)

nunca *adv.* 결코

norte *m.* 북쪽

nevar *v.* 눈이 오다 (어간 e → ie 로 변화, 자연현상이므로 3인칭 단수만 사용)

invierno *m.* 겨울

bastante *adj.* 충분히

montañas altas 높은 산들 (산악지대)

temperatura *f.* 온도, 기후

meseta *f.* 고원

clima *m.* 기후

suave *adj.* 온화한

costa *f.* 해안

otoño *m.* 가을

verano *m.* 여름

generalmente *adv.* 일반적으로

estación *f.* 계절, 역, 정거장

preferir *v.* 선호하다 (어간 e → ie 로 변화)

primavera *f.* 봄

관용적 표현

¿Qué tiempo hace hoy? 오늘 날씨가 어떻습니까?

hace + 날씨 (calor, viento, frío, lluvia, sol, nieve등) → 일반적인 날씨 상황 (p136, 179 참조)

a veces 가끔 (= De vez en cuando, algunas veces)

sobre todo 특히 (=especialmente)

con frecuencia 자주 (= frecuentemente, A menudo)

todo el país 전국적으로

Esquema gramatical 문법 도해

IR A : ~로 가다		VENIR DE : ~로부터(에서) 오다	
voy **vas** **va** **vamos** **vais** **van**	**a** casa	**vengo** **vienes** **viene** **venimos** **venís** **vienen**	**de** casa

Hacer 동사의 용법

무인동사로써 날씨를 표현한다. (3인칭 단수로만 활용한다.)

<u>Hace</u> + 날씨(명사) → 일반적인 날씨 상황

    ↳ 날씨를 표현할 때 3인칭 단수

Hace	calor	덥다
	frío	춥다
	sol	해가 뜨다
	viento	바람이 불다
	fresco	선선하다
	lluvia	비가 오다
	nieve	눈이 오다
	buen tiempo	날씨가 좋다
	mal tiempo	날씨가 나쁘다 (p136 참조)

참고

- 주관적인 개념에서 사람이 춥다 → tener
- 객관적인 개념에서 일반적인 날씨다 춥다, 덥다. → hacer

ej) ¿Qué tiempo hace hoy? 오늘 날씨가 어떻습니까?

Hoy hace buen(mal) tiempo. 오늘 날씨가 좋습니다. (나쁩니다)

En el verano hace mucho calor. 여름에는 날씨가 매우 덥다.

Hace mucho calor pero tengo frío. 날씨가 매우 덥지만 나는 춥다.

¿Hace sol ahora? 지금 해가 납니까?

Sí, pero hace mucho viento. 예, 그러나 바람이 많이 붑니다.

Practique 연습해 보아요

I 보기와 같이 물음에 답하세요

> **보기** ¿A dónde va Juan? *estación.*　　　· —Va a la estación.
> 　　　환은 어디로 갑니까?　　　　　　　　　　그(환)는 역으로 간다.

1. ¿A dónde vais vosotros? *playa.*　　　· —_____
2. ¿A dónde va Luisa? *Madrid.*　　　· —_____
3. ¿A dónde van los niños? *escuela.*　　　· —_____
4. ¿A dónde van las enfermeras? *hospital.*　　　· —_____
5. ¿A dónde va Ud.? *oficina.*　　　· —_____
6. ¿A dónde vas? *cine.*　　　· —_____
7. ¿A dónde va José? *teatro.*　　　· —_____
8. ¿A dónde van Uds.? *casa.*　　　· —_____

II 보기와 같이 물음에 답하세요.

> **보기** ¿De dónde viene Juan? *estación.* · —Viene de la estación.
> 　　　환은 어디서 오는 길입니까?　　　　　그(환)는 역에서 오는 길이다.

1. *playa.*　　　· —_____
2. *Madrid.*　　　· —_____
3. *escuela.*　　　· —_____
4. *hospital.*　　　· —_____
5. *oficina.*　　　· —_____
6. *cine.*　　　· —_____
7. *jardín.*　　　· —_____
8. *peluquería.*　　　· —_____

Amplíe 활용해 보아요

해석 P296

그림을 보고 날씨와, 때를 나타내는 빈도부사 표현을 정리하세요.

En el Norte **llueve** con frecuencia.

Siempre **hace buen tiempo** en las costas del Este y del Sur.

A menudo **hace frío** en el Centro y en el Oeste.

A veces **llueve** en primavera.

En invierno **nieva** a menudo en las montañas.

En verano siempre **hace calor.**

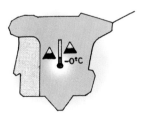

A veces las temperaturas **son bajas** en el Centro y en las montañas.

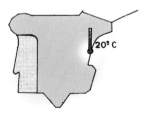

Las temperaturas nunca **son bajas** en la Costa.

새로나온 단어

costas 해안(들), 연안	**montañas** 산맥	**Este** 동쪽
Oeste 서쪽	**Sur** 남쪽	**temperaturas** 온도, 기후

181

Practique 연습해 보아요

I 보기처럼 질문해 보세요.

보기 **¿Dónde nieva con frecuencia?** 자주 어디에서 눈이옵니까?

A menudo llueve en el Norte. · —**¿Dónde llueve a menudo?**
자주 북쪽에서 비가 온다. 자주 어디에서 비가옵니까?

1. El clima siempre es húmedo en el Norte. · —_____

2. A veces nieva en las montañas. · —_____

3. A veces hace mucho viento en el Este. · —_____

4. Siempre hace calor en las costas del Sur. · —_____

5. No nieva nunca en las costas. · —_____

6. De vez en cuando llueve en el Este. · —_____

7. En invierno nieva con frecuencia en las montañas. · —_____

8. Las temperaturas son bajas en la meseta. · —_____

II 보기처럼 빈도부사를 활용하여 답해 보세요.

보기 **¿Cuándo vas al cine?** *de vez en cuando.*(가끔)
언제 영화관에 가니?

· —**Voy al cine de vez en cuando.**
나는 가끔 영화관에 간다.

1. ¿Cuándo haces los deberes? *todos los días.* · —_____

2. ¿Cuándo vais al teatro? *a menudo* · —_____

3. ¿Cuándo fumas? *nunca.* · —_____

4. ¿Cuándo lees el periódico? *siempre.* · —_____

5. ¿Cuándo vas a la playa? *con frecuencia.* · —_____

6. ¿Cuándo vas al campo? *a veces.* · —_____

7. ¿Cuándo ves la televisión? *nunca.* · —_____

8. ¿Cuándo nieva aquí? *de vez en cuando.* · —_____

Hable 말해 보아요

그림을 보고 보기와 같이 때를 나타내는 빈도부사를 활용하여 날씨를 표현하세요.

ciento diez(110)

En invierno llueve a menudo.
겨울에는 가끔 비가 온다.

ciento veinte(120)

ciento treinta(130)

ciento cuarenta(140)

ciento cincuenta(150)

ciento sesenta(160)

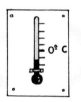

ciento setenta(170)

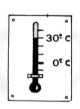

ciento ochenta(180)

ciento noventa(190)

doscientos(200)

Por la mañana salimos de casa a las 8:30.

A mediodía vamos a casa.
Comemos a las 2:00.

Por la tarde volvemos a la escuela.
Entramos a las 3:30.

Salimos de la escuela a las 5.
Al atardecer llegamos a casa.

Por la noche hacemos los deberes.
Cenamos a las 9 y vamos a la cama a las 10.

Los domingos no vamos a la escuela.
Por la mañana dormimos hasta las 11.
Y **por la tarde** vamos al cine.

Practique 연습해 보아요

I 보기와 같이 물음에 답하세요.

보기 ¿Cuándo vas a la oficina? *por la mañana.* (넌) 언제 사무실에 가니?

· —**Voy a la oficina por la mañana.** (나는) 오전에 사무실에 간다.

1. ¿Cuándo va Ud. al restaurante? *a mediodía.* · —_____

2. ¿_____ toman café? *por la tarde.* · —_____

3. ¿_____ vuelve Ud. a casa? *al atardecer.* · —_____

4. ¿_____ lee el periódico? *a mediodía.* · —_____

5. ¿_____ ve la televisión? *por la noche.* · —_____

6. ¿_____ ve a sus amigos? *por la tarde.* · —_____

7. ¿_____ sale de casa? *por la mañana.* · —_____

8. ¿_____ vuelve a casa? *por la noche.* · —_____

POR LA MAÑANA (막연히) 오전에
A MEDIODÍA (정오에)

POR LA TARDE (막연히) 오후에
AL ATARDECER (해가 질 무렵)
(Al + inf : inf 할 때)

II 보기처럼 질문해보세요.

보기 Salgo de casa por la mañana. · —¿Sale Ud. de casa por la mañana?
(나는) 오전에 집에서 나온다. 당신은 오전에 집에서 나옵니까?

1. Voy al restaurante a mediodía. · —_____

2. Uds. toman café por la tarde. · —_____

3. Regreso a casa al atardecer. · —_____

4. Leo el periódico por la mañana. · —_____

5. Voy al cine por la noche. · —_____

6. Hago la comida a mediodía. · —_____

7. Voy a la cama a medianoche. · —_____

8. Tomo café por la tarde. · —_____

Situación 상황 XII

Práctica oral: *Imagine un diálogo.* 회화 실습: 대화를 상상해 보아요.

1.

— _____

— _____

2.

— _____

— _____

3.

— _____

— _____

Lesson 13. ¿Quién es?

13과의 핵심 내용

1. ir a + inf

2. 목적 대명사

3. 나이를 묻는 표현

13 ¿Quién es?

Teresa : —Diga… ¿quién es?

Carlos : —Soy Carlos.
　　　　　¿Qué vas a hacer esta tarde?

Teresa : —No sé. ¿Por qué?

Carlos : —Mañana es mi cumpleaños y voy a dar
　　　　　una fiesta. ¿Puedes venir?

Teresa : —Por supuesto. ¿Vas a invitar a mucha
　　　　　gente?

Carlos : —Voy a invitar a muchos compañeros
　　　　　de clase y a otros amigos.

Teresa : —¿Cuántos cumples?

Carlos : —Veinticuatro.

Teresa : —¡Hombre! ¡Tenemos la misma edad!
　　　　　Yo también voy a cumplir 24 el mes
　　　　　que vienc. ¿Vas a la Escuela esta tar-
　　　　　de?

Carlos : —No. Tengo mucho trabajo. Voy a or-
　　　　　denar el apartamento y después voy a
　　　　　salir para comprar bebidas y comida.

Teresa : —Hasta mañana, entonces.

Carlos : —Hasta mañana.

13 누구세요?

Teresa : __말씀하세요… 누구세요?

Carlos : __난 까를로스야. 너 오늘 오후에 뭐 할 거니??

Teresa : __모르겠는데. 왜?

Carlos : __내일이 내 생일이야. 그래서 파티를 열려고 해. 너 올 수 있니?

Teresa : __물론이지. 넌 많은 사람을 초대 할 거니??

Carlos : __나는 많은 반 동료들과 다른 친구들을 초대하려고 해.

Teresa : __몇 번째 기념하니? (생일이니)

Carlos : __24번째.

Teresa : __친구! 우리 동갑내기잖아! 나도 역시 다음달 24번째를 기념할 거야.
　　　　　너 오늘 오후에 학교에 가니?

Carlos : __아니, 나는 할 일이 많아. 아파트를 정리 할거고 그리고 후에 음료수와 음식을
　　　　　사러 나갈 거야.

Teresa : __그렇다면. 내일 만나자.

Carlos : __내일 보자.

단어 및 보충 해설

새로 나온 단어

diga 말하다 (Decir 의 명령형, 말씀하세요 – 전화 받는 사람), 말씀하세요

oiga 여보세요. (전화 거는 사람)

sé *v.* 알다 (saber 의 1인칭 단수 불규칙형)

mi cunpleaños 나의 생일

compañero de trabajo 직장동료

cumplir *v.* 완수하다, 실행하다, 이행하다

ordenar *v.* 정리, 정돈하다

compañero de clase 반 동료

cuántos *adj.* 얼마

veinticuatro : veinte y cuatro의 축약형

관용적 표현

quién es 누구십니까? (= Con quién hablo, De parte de quién)

ir a + inf inf 하려고 하다 (영어의 be going to 에 해당)

por qué 왜

porque ~ 때문에

dar + 행위 명사가 오면 (행위를 하다)

dar + una fiesta 파티를 열다 (그 동작을 하다)

a mucha gente 많은 사람들 (사람이 목적어로 올 때 a를 붙인다)

por supuesto 물론이지 (= cómo no 로도 사용)

　참고 – ¿Cuántos años(edad) tiene Ud.? 당신은 몇 살 입니까?

tengo 24 años 난 24살이다

tenemos la misma edad 우리는 동갑이잖아!

el mes que viene 다음 달

el año que viene 내년

la semana que viene 다음 주

tengo mucho trabajo 매우 바쁘다, 할 일이 많다 (=estoy ocupado/a)

hasta mañana 내일 만나자

IR A + INFINITIVO : ~ inf 하려고 하다(영어의 be going to)			
VOY VAS VA VAMOS VAIS VAN	A	comprar	un libro

[Pratique 연습해 보아요]

I 보기와 같이 물음에 답하세요.

보기 ¿Qué vas a hacer? *la cama.*　　·—Voy a hacer la cama.
(넌) 뭐할거니?　　　　　　　　　　　　　 (나는) 침대를 정리하려고 한다.

1. ¿Qué va a comprar Ud.? *un disco.*　　·—_____

2. ¿Qué van a tomar Uds.? *vino.*　　·—_____

3. ¿Qué vamos a visitar? *el museo.*　　·—_____

4. ¿Qué vais a estudiar? *la lección.*　　·—_____

5. ¿Qué van a comprar Uds.? *un coche.*　　·—_____

6. ¿Qué vas a ver? *una película.*　　·—_____

7. ¿Qué vamos a comer? *pollo.*　　·—_____

8. ¿Qué va Ud. a pintar? *la casa.*　　·—_____

II 보기와 같이 의문문으로 변형하여 보세요.

보기 Luis va a pintar.　　·—¿Va Luis a pintar?
루이스는 페인트 칠하려 한다.　　　 루이스는 페인트 칠하려고 하나요?

1. María y Carlos van a nadar.　　·—_____

2. Vamos a celebrar una fiesta.　　·—_____

3. Isabel va a hacer la cena.　　·—_____

4. Vais a la escuela.　　·—_____

5. Yo voy a trabajar.　　·—_____

6. José va a visitar a unos amigos.　　·—_____

7. Uds. van a ordenar el apartamento.　　·—_____

8. María va a visitar a su amigo.　　·—_____

Amplíe 활용해 보아요

ir a inf : ~inf 하고자 하다, 의 표현을 암기하세요.

mil(1000)

Isabel **va a** visitar a sus amigas.

mil uno(1001)

Los niños **van a** ver una película.

mil dos(1002)

Miguel **va a** pintar la pared.

mil tres(1003)

Vamos a hacer una excursión.

mil cuarenta(1040)

Antonio **va a** limpiar el coche.

mil cincuenta(1050)

Isabel y Carmen **van a** bailar.

mil noventa(1090)

Voy a saludar a José Antonio.

mil noventa y nueve(1099)

Luis y Carlos **van a** escalar una montaña.

새로나온 단어

visitar 방문하다	**pared** 벽	**excursión** 소풍, 관광, 유람
limpiar 청소하다	**bailar** 춤추다	**saludar** 인사하다
escalar 오르다, 등산하다		

Practique 연습해 보아요

¿A QUIÉN VAS A VISITAR?
사람이 목적어로 올 때 전치사 a를 붙인다. (넌 누구를 방문할 거니?)

¿QUÉ VAS A VISITAR?
너는 어디(무엇)를 방문할 거니?

Ⅰ 보기와 같이 의문문을 만들어 보세요

보기 **Voy a visitar a un amigo.**
(나는) 친구를 방문하려고 한다.

· —**¿A quién vas a visitar?**
(넌) 누구를 방문할 거니?

1. Vamos a ver a José.　　　　　 · — _____

2. Voy a pintar la habitación.　 · — _____

3. Voy a escribir a Carlos.　　　 · — _____

4. Vamos a escribir una carta.　 · — _____

5. Vamos a saludar a Antonio.　 · — _____

6. Voy a ver una película.　　　 · — _____

7. José va a visitar un museo.　 · — _____

8. Isabel va a comprar un libro. · — _____

¿QUIÉN _____?
누가 _____합니까?

¿A QUIÉN _____?
누구를(에게) _____합니까?

Ⅱ 보기와 같이 의문문을 만들어 보세요

보기 **Isabel abre la ventana.**
이사벨은 창문을 연다.

· —**¿Quién abre la ventana?**
누가 창문을 엽니까?

María escribe a José.
마리아는 호세에게 (편지를) 쓴다.

· —**¿A quién escribe María?**
마리아는 누구에게 (편지를) 씁니까?

1. Luis visita el museo.　　　　　　　 · — _____

2. Carmen saluda a Manolo.　　　　　 · — _____

3. José ve una película.　　　　　　　 · — _____

4. Antonio ve a sus amigos.　　　　　 · — _____

5. Luis espera el autobús.　　　　　　 · — _____

6. Miguel espera a María.　　　　　　 · — _____

7. Roberto escucha la radio.　　　　　 · — _____

8. Los estudiantes escuchan al profesor. · — _____

Esquema gramatical 문법 도해

사람 남성 목적대명사	사람 여성 목적대명사
A él → LO (단수)	A ella → LA (단수)
A ellos → LOS (복수)	A ellas → LAS (복수)

[Pratique 연습해 보아요]

I 보기와 같이 목적대명사(사람)를 활용해 보세요.

보기 Voy a esperar a Isabel. · —Voy a esperarla.
(나는) 이사벨을 기다릴 거다. (나는) 그녀(이사벨)를 기다릴 거다.

1. Voy a visitar a Carmen y a María. · —_____
2. Voy a ver a Carlos. · —_____
3. Antonio va a esperar a Marta. · —_____
4. Voy a escuchar a Miguel. · —_____
5. Vamos a ver a los niños. · —_____
6. Vamos a despedir a José y a Carlos. · —_____
7. José va a recibir a sus amigos. · —_____
8. Van a saludar a su profesor. · —_____

La edad 나이

해석 P297

¿CUÁNTOS AÑOS TIENES?
너는 몇 살이니?

예 **Yo tengo 10 años.** (나는 10살입니다.)

Mi padre tiene 40 años. Va a cumplir 41 la semana que viene.

Mi abuelo tiene 85 años. Va a cumplir 86 el lunes que viene.

Mi madre tiene 39 años. Va a cumplir 40 pasado mañana.

Mi hermana tiene 21 años. Va a cumplir 22 el domingo que viene.

Mis tíos tienen 33 años. Van a cumplir 34 el sábado que viene.

Mi primo tiene 16 años. Va a cumplir 17 el martes que viene.

Practique 연습해 보아요

I 보기와 같이 대답해 보세요.

¿**Cuántos años tiene Ud.?** (당신은 몇 살입니까?)
Tengo veinticuatro años (나는 24살입니다)

보기	¿Cuántos años tienes? _24._	·	—Tengo 24. Voy a cumplir 25.
	(너는) 몇 살이니?		(나) 24살이야. 25번째 (생일)를 기념할거다.

1. ¿Cuántos años tiene José?   _25._   · —_____

2. ¿_____ Ud.?   _30._   · —_____

3. ¿_____ María?   _21._   · —_____

4. ¿_____ tu madre?   _42._   · —_____

5. ¿_____ tu prima?   _22._   · —_____

6. ¿_____ tu tío?   _34._   · —_____

7. ¿_____ tu hermano?   _19._   · —_____

8. ¿_____ tu abuelo?   _82._   · —_____

II 보기와 같이 의문문으로 바꿔보세요.

¿**Cuántos años vas a cumplir?**
(년 몇 번째 생일을 기념할 거니?)

보기	tu hermano.	·	—¿Cuántos años va a cumplir tu hermano?
	너의 형제		너의 형제는 몇 번째(생일)를 기념할 거니?

1. _tu hermana._   · —_____

2. _tu madre._   · —_____

3. _tu padre._   · —_____

4. _tu abuelo._   · —_____

5. _tu primo._   · —_____

6. _tu tío._   · —_____

7. _tu tía._   · —_____

8. _tu abuela._   · —_____

Situación 상황 XIII

Práctica oral: *Imagine un diálogo.* 회화 실습: 대화를 상상해 보아요.

¿Qué van a hacer el domingo?
여러분은 일요일에 무얼 하실 겁니까?

1.

—_____
—_____

2.

—_____
—_____

3.

—_____
—_____

4.

—_____
—_____

Lesson 14. ¿Qué es?

14과의 핵심 내용

1. 명령법 ┌ 긍정명령
        └ 부정명령

2. 현재시제 명령법 동사변화

14 ¿Qué es?

Varios : —Felicidades. Carlos.

Carlos : —Gracias.

Ana : —Ahora vamos a ver los regalos. Toma.
Éste es el mío.

Carlos : —Muchas gracias. ¿Qué es?

Ana : —Una sorpresa. Abre el paquete.

Carlos : —A ver… ¡Una corbata! Es muy bonita.

Luis : —Aquí tienes otro. Desata el paquete.

Carlos : —¡Cuántos nudos! Dentro hay otro
paquete.

Luis : —Ábrelo también.

Carlos : —Un encendedor. ¿Cómo funciona?

Luis : —Con pilas. Aprieta este botón y ¡ya
está encendido! Ahora, ¡apágalo tú!

Varios : —¡Bravo!

José : —Otro regalo. Está en una caja, pero
está cerrada con llave.

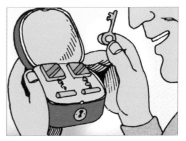

Isabel : —Yo tengo la llave. Cógela y abre.

Carlos : —Ya está. ¡Unos gemelos! Ahora vamos a apagar las velas del pastel.

Varios : —¡Animo! Sopla fuerte.

14 무엇이지?

Varios : __축하해. 까를로스

Carlos : __고마워.

Ana : __이제 선물들을 보도록 하자. 받아. 이것은 내 것(선물)이야.

Carlos : __대단히 고마워. 무엇이지?

Ana : __놀랄 거야. 꾸러미를 열어봐.

Carlos : __어디 보자… 넥타이로군! 매우 아름답구나.

Luis : __여기 다른 것(선물)이 있어. 그 소포를 열어봐.

Carlos : __얼마나 많은 매듭인지! 안에 다른 포장이 있구나.

Luis : __그것 역시 열어봐.

Carlos : __라이터군. 어떻게 작동하지?

Luis : __전지로 이 단추를 누르면 이제 켜졌어! 지금 그것을 꺼!

Varios : __브라보!

José : __다른 선물. 상자 안에 있어. 그러나 열쇠로 닫혀졌어.

Isabel : __내가 열쇠를 가지고 있지. 그걸(열쇠를) 받아, 그리고 열어봐.

Carlos : __이제 됐다. 한 쌍이로군. 이제 케이크의 촛불들을 끄도록 하자.

Varios : __힘내! 세게 불어.

단어 및 보충 해설

새로 나온 단어

varios *adj.* 다수의

regalo *m.* 선물

sorpresa *f.* 놀라움

desata *v.* 풀다 (desatar 의 2인칭 단수 명령)

paquete *m.* 소포, 수하물, 포장

dentro *adv.* 안에, 속에

encender *v.* 켜다

pila *f.* 전지

botón *m.* 단추

apágalo *v.* 끄다 (apagar 의 2인칭 단수 명령, 긍정 명령 + 목적 대명사, 여기서 lo는 encendedor를 가리킨다)

cógela *v.* 잡다, 쥐다 (coger 의 2인칭 단수 명령, 긍정명령 + 목적대명사, 여기서 la는 llave를 가리킨다)

gemelos 쌍의, 쌍둥이의

felicidades *f.* 축하합니다

abre *v.* 열다 (Abrir 의 2인칭 단수 명령)

nudo *m.* 매듭, 묶는법

encendedor *m.* 라이터

funcionar *v.* 작동하다

apretar *v.* 조이다, 조여매다 (어간 e → ie로 변형된다)

caja *f.* 상자

llave *f.* 열쇠, 키

abre *v.* 열다 (abrir 의 2인칭 단수 명령)

sopla *v.* 불다 (soplar 의 2인칭 단수 명령)

관용적 표현

vamos a inf : inf 하도록 합시다 (유도명령)

el mío 내 것 (mi regalo 에 해당하는 소유대명사)

apretar las manos 악수하다

las velas del pastel 케이크의 촛불

¡Animo! 힘내라!

sopla fuerte 세게 불어라

긍정명령			부정명령	
ESCUCHAR escuch-a 　　　-ad escuch-e 　　　-en	들어라 너희들 들어라 당신 들으세요 당신들 들으세요	la radio	No escuch-es 　　　　　-éis No escuch-e Ud. 　　　　　-en Uds.	la radio 라디오를
LEER le-e 　-ed le-a 　-an	읽어라 너희들 읽어라 당신 읽으세요 당신들 읽으세요	el periódico	No le-as 　　-áis No le-a Ud. 　　-an Uds.	el periódico 신문을
ABRIR abr-e 　-id abr-a 　-an	열어라 너희들 열어라 당신 여세요 당신들 여십시요	la ventana	No abr-as 　　-áis No abr-a Ud. 　　-an Uds.	la ventana 창문을

긍정 명령

1인칭 단수는 명령이 없으며 2인칭 단수는 직설법 3인칭 단수와 같다.
2인칭 복수 명령은 동사의 원형의 어미 'r'을 'd'로 바꾸어 쓰며 불규칙이 없다.
1인칭 복수와 3인칭 단 · 복수는 접속법 1인칭 복수, 3인칭 단 · 복수 동사를 쓴다.

인칭 ＼ 수	단 수	복 수
1	X	접속법 1인칭 복수와 동일
2	직설법 3인칭 단수와 동일	ad, ed, id
3	접속법 3인칭 단수와 동일	접속법 3인칭 복수와 동일

부정 명령

1. 긍정 명령 앞에 no를 붙이며
2. 긍정 명령 다음에 붙이는 목적대명사는 부정명령인 경우 다시 동사의 앞으로 보낸다.
3. 마지막으로 긍정 명령 2인칭 단 · 복수를 → 접속법 2인칭 단 · 복수로 바꾼다.
**접속법은 추후에 설명하도록 하겠다.

[Pratique 연습해 보아요]

I 보기와 같이 인칭에 맞게 명령형으로 변화시키세요.

보기 **tú** 너   *un café.* 커피 한 잔   · —**toma un café.** 커피 한 잔 해.

1. tú   una cerveza.   · —_____

2. Ud.   un vaso de vino.   · —_____

3. Uds.   un té.   · —_____

4. vosotros   un helado.   · —_____

5. tú   un bocadillo.   · —_____

6. vosotros   la leche.   · —_____

7. Ud.   un jerez.   · —_____

8. Uds.   un vaso de agua.   · —_____

Amplíe 활용해 보아요

해석 P297

앞 장 도표를 보면서 부정명령 변화를 확인해 보세요.

mil cien(1100)

Pague Ud. la **factura**.

mil doscientos(1200)

No pague la factura.

mil trescientos(1300)

Abrid los libros.

mil cuatrocientos(1400)

No abráis los libros.

mil quinientos(1500)

Crucen Uds. la calle.

mil seiscientos(1600)

No crucen la calle

mil setecientos(1700)

Coge un **taxi**.

mil ochocientos(1800)

No cojas un taxi.

mil novecientos(1900)

Escuchad la radio.

dos mil(2000)

No escuchéis la radio.

현재시제에서 어간 e → ie 변화동사는 명령법에서도 e → ie로 변화한다.

	PRESENTE 현재형	IMPERATIVO 명령형		
		tú	Ud.	Uds.
EMPEZAR	empiez-o	-a	-e	-en
CERRAR	cierr-o	-a	-e	-en
PENSAR	piens-o	-a	-e	-en
VOLVER	vuelv-o	-e	-a	-an
CONTAR	cuent-o	-a	-e	-en
PEDIR	pid-o	-e	-a	-an
SEGUIR	sig-o	-e	-a	-an
SERVIR	sirv-o	-e	-a	-an
PERO: cerrad, volved, pedid, etc...				

[Pratique 연습해 보아요]

Ⅰ 보기처럼 부정명령을 긍정명령으로 변화시켜 보세요.

보기 No cierre Ud. la ventana.   —Cierre la ventana.
창문을 닫지 마시오.   창문을 닫으시오.

1. No pienses en mañana.   · —_____

2. No vuelvan esta noche.   · —_____

3. No pidas más cerveza.   · —_____

4. No recuerdes la lección.   · —_____

5. No cierres las maletas.   · —_____

6. No pidan más regalos.   · —_____

7. No duerman por la tarde.   · —_____

8. No cuelgues este cuadro.   · —_____

Hable
말해 보아요 그림을 보고 보기와 같이 부정명령으로 표현해 보세요.

Cierren los libros.
No cierren los libros.

Cuente Ud. las monedas.

_____

Desata el zapato.

_____

Vuelve en tren.

_____

Piensa en tus hijos.

_____

Recuerde Ud. aquel día.

_____

Pida una ensalada.

_____

Cuelgue Ud. este cuadro.

_____

Recuerde 기억해요

긍정명령 + 목적대명사 가 온다.

그러나 부정명령은 동사 앞에 No를 붙이고, 목적대명사는 동사 앞으로, 이 때 2인칭 단·복수 명령은 접속법 형태로 변한다.

- NO	- lo	Tómalo tomes

[Pratique 연습해 보아요]

I 보기와 같이 부정명령으로 표현하세요.

[보기] **Toma un café.**　　　　　·—**No lo tomes.**
커피 한 잔 마셔(해).　　　　　그것(커피)을 마시지 마.

1. Abre la puerta. 문 열어라.　　　·—_____

2. Coge el libro. 책을 주어라.　　　·—_____

3. Paga la factura. 청구서를 지불하라.　·—_____

4. Compra las guitarras. 기타를 사라.　·—_____

5. Corrige los ejercicios. 연습문제를 정정하라.　·—_____

6. Mira las fotos. 사진을 봐라.　　　·—_____

7. Lee los periódicos. 신문을 읽어라.　·—_____

8. Cruza la calle. 길을 건너라.　　　·—_____

보기와 같이 부정명령으로 표현하세요.

COMPRE UD. UN BOLSO 가방을 사시오.   **NO LO COMPRE** 그것(가방)을 사지 마시오.

LEAN UDS. EL LIBRO 여러분 책을 읽으시오.   **NO LO LEAN** 그것(책)을 읽지 마시오.

보기 **Escuchen al profesor.**
교수 말씀을 들으세요.

· —**No lo escuchen.**
그(교수 말씀)것을 듣지 마시오.

1. Lean Uds. la lección.

· —_____

2. Cruce Ud. la calle.

· —_____

3. Pinten la habitación.

· —_____

4. Tome Ud. una cerveza.

· —_____

5. Abran los libros.

· —_____

6. Mire el cuadro.

· —_____

7. Cuente las monedas.

· —_____

8. Desata el paquete.

· —_____

Situación 상황 XIV

Práctica oral: *Use imperativos en cada situación.* 회화 연습: 각 상황에 명령법을 활용하세요.

1.

— _____
— _____

2.

— _____
— _____

3.

— _____
— _____

4.

— _____
— _____

5.

— _____
— _____

6.

— _____
— _____

Entonación

Compra   el   libro.

Ejercicios prácticos :

1. Abre la puerta.
2. Coge el libro.
3. Paga la factura.
4. Compra las guitarras.
5. Corrige los ejercicios.
6. Mira las fotos.
7. Lee los periódicos.
8. Cruza la calle.

Lesson 15. Cómpranos un helado

15과의 핵심 내용

1. gustar 용법
2. 긍정명령 + 목적대명사
3. 2인칭 단수 긍정명령(불규칙 8개)

15 Cómpranos un helado

Juanito : —Dame la pelota.

Luisito : —No quiero. Es mía.

Juanito : —¡Mamá, mamá!

Madre : —¿Qué os pasa, niños?

Juanito : —Luisito no me deja la pelota.

Madre : —Luisito, no seas malo. ¿Por qué no jugáis los dos con ella?

Luisito : —Es mía. El tampoco me deja la bicicleta.

Madre : —No gritéis. Sed buenos. Luisito, dale la pelota a tu hermano un rato.

Luisito : —Te dejo la pelota si me dejas la bicicleta.

Madre : —Juanito, déjale la bicicleta a Luisito, y tú déjale la pelota a Juanito. Si sois buenos, os compro caramelos.

Juanito y
Luisito : —No nos gustan los caramelos. Tenemos sed. Cómpranos helados.

Madre : —Está bien. Por fin estáis de acuerdo.

15 우리에게 아이스크림을 사줘

Juanito :　나에게 공을 줘.

Luisito :　싫어(원치 않아). 내 거야.

Juanito :　엄마, 엄마!

Madre :　애들아 너희들에게 무슨 일 있니?

Juanito :　루이시또가 나에게 공을 주지 않아요.

Madre :　루이시또, 나쁘게 하면 안돼. 왜 너희들은 공을 가지고 놀지 않니?

Luisito :　내 거야. 쟤 역시 나에게 자전거를 주지 않아요.

Madre :　고함지르지 마라. 착해야 해. 루이시또 잠깐 네 동생에게 공을 주렴.

Luisito :　네가 나에게 자전거를 준다면 너에게 공을 줄게.

Madre :　후아니또, 루이시또에게 자전거를 주렴. 그리고 넌 후아니또에게 공을 주렴.
　　　　만약에 너희들이 착하게 하면 내가 사탕 사줄게.

Juanito y

Luisito :　우리들은 카라멜을 좋아하지 않아요. 우리에게 아이스크림을 사주세요.

Madre :　좋아. 마침내 너희들이 동의하는구나.(의견이 일치하는구나)

단어 및 보충 해설

새로 나온 단어

cómpranos 우리에게 사다 (Comprar 의 2인칭 단수, 긍정 명령형 + 목적 대명사)

dame 나에게 주다 (Dar 의 2인칭 단수, 긍정 명령형 + 목적 대명사)

pelota *f.* 공

seas *v.* (ser 의 부정명령 2인칭 단~복수 ⇒ 접속법 형태)

no jugáis los dos con ella (ella는 pelota를 지칭)

tampoco *adv.* 역시 ~ 하지 않는다 (también의 반대)

no gritéis 고함 지르다 (gritar 의 2인칭 부정명령 → 접속법 형태)

sed (ser 의 2인칭 복수 명령)

dale (dar 의 2인칭 단수 명령 + 간접목적 대명사 le 혹은 les 가 분명치 않을 때, 전치사 a로 연결)

a tu hermano (전치사 a를 이용한 중복형으로 사용)

te dejo, me deias (te, me 간접목적 대명사)

dejale la bicicleta a Luisito
dejale la pelota a Juanito

(긍정명령 + 목적대명사 – 이때 **le가 분명치 않을 때**, a Luisito, a Juanito와 같이 중복형을 사용하므로 분명히 밝힌다.)

gustan *v.* 좋아하다 (gustar 의 특수용법, 뒷장 도표 참고)

관용적 표현

¿Qué os pasa? 너희들에게 무슨 일이 있니? (os 목적 대명사)

por fin 마침내

jugar + a ~ : ~놀다, 장난하다 (+a ~경기를 하다)

un rato 잠깐

GUSTAR	ME TE LE NOS OS LES	**GUSTA**	el cine	(a mí) (a ti) (a él, a ella, a Ud.)
		GUSTAN	las flores	(a nosotros) (a vosotros) (a ellos, a ellas, a uds.)

gustar의 특수 용법

'~을 좋아하다'라는 규칙으로 변화하는 동사로서('나는 사과를 좋아 한다'를 Yo gusto la manzana 와 같이 표현하면 안 된다.) 위 동사는

① 항상 간접목적대명사를 수반

$$\begin{cases} \text{me} & \text{nos} \\ \text{te} & \text{os} \\ \text{le} & \text{les} \end{cases}$$

② 문법상의 주어가 해석상의 목적어가 된다.

예를 들면 me(te, le, nos, os, les) gusta la manzana와 같이 항상 간접목적대명사를 수반하여 변하는 특수한 형태를 취한다.

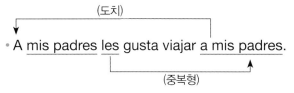

(도치)

• A mis padres les gusta viajar a mis padres.

(중복형)

나의 부모님들은 여행을 좋아하신다.

> **gusta + 단수, inf**
> **gustan + 복수**

위와 같이 3인칭 le, les는 분명히 누구인지를 명시하는 중복형을 취하며, 문장 앞으로 도치가 되는 것이 일반적이다.

Practique 연습해 보아요

I 보기와 같이 특수용법을 활용하여 대답하세요.

> **보기** **¿Qué te gusta?** *el cine.* · —Me gusta el cine.
> 넌 뭘 좋아하니? 영화 나는 영화를 좋아해.

1. ¿Qué le gusta a José? *el teatro.* · —_____
2. ¿Qué os gusta a vosotros? *la música.* · —_____
3. ¿Qué le gusta a Ud.? *el verano.* · —_____
4. ¿Qué le gusta a María? *la playa.* · —_____
5. ¿Qué te gusta? *la montaña.* · —_____
6. ¿Qué os gusta a vosotros? *el fútbol.* · —_____
7. ¿Qué nos gusta a nosotros? *el campo.* · —_____
8. ¿Qué les gusta a Uds.? *la ciudad.* · —_____

II *Repita el ejercicio anterior con plurales:*

III 보기와 같이 특수용법을 활용하여 대답하세요.

> **보기** **¿Qué te gusta?** *las flores.* · —Me gustan las flores.
> 넌 뭘 좋아하니? 꽃들 나는 꽃들을 좋아한다.

1. *los caballos.* · —_____
2. *los gatos.* · —_____
3. *las novelas.* · —_____
4. *las guitarras.* · —_____
5. *los pasteles.* · —_____
6. *los niños.* · —_____
7. *los libros.* · —_____
8. *los discos.* · —_____

Amplíe 활용해 보아요

해석 P297

긍정명령 + 목적대명사. 이 때 강세에 주의하세요.

cien mil(100,000)

CómpraME un libro.

doscientos mil(200,000)

EnviadNOS una postal.

trescientos mil(300,000)

RegálaLE un disco.

cuatrocientos mil(400,000)

RecomiéndaLES un restaurante.

quinientos mil(500,000)

VéndaME un diccionario.

seiscientos mil(600,000)

DaLE la bicicleta.

setecientos mil(700,000)

ExplíqueNOS la lección.

ochocientos mil(800,000)

PréstaME una pluma.

un millón(1,000,000)

EscríbeME una carta.

dos millones(2,000,000)

TráeNOS un vaso de agua.

Practique 연습해 보아요

Cómprame un libro
나에게 책 한 권 사줘.

Ⅰ 보기와 같이 주어진 동사를 활용 명령형으로 전환하세요.

보기 **Necesito un libro.** *comprar.* · **—Cómprame un libro.**
(나는) 책이 필요하다.　　　 사다　　　　　 나에게 책 한 권 사줘.

1. María quiere una pluma. *regalar.* · — _____

2. Necesito un diccionario. *vender.* · — _____

3. Quiero una novela. *recomendar.* · — _____

4. Necesita un lápiz. *prestar.* · — _____

5. Antonio quiere una guitarra. *comprar.* · — _____

6. Quiero un cigarrillo. *dar.* · — _____

7. José quiere una carta. *escribir.* · — _____

8. Quiere un café. *pedir.* · — _____

Préstanos un diccionario
우리에게 사전 한 권 빌려줘.

Ⅱ 보기와 같이 주어진 동사를 활용 명령형으로 전환하세요.

보기 **Queremos un diccionario.** *prestar.* · **—Préstanos un diccionario.**
우리는 사전 한 권이 필요합니다.　　 빌려주다　　　 우리에게 사전 한 권 빌려줘.

1. Los niños quieren una bicicleta. *regalar.* · — _____

2. Las secretarias necesitan plumas. *comprar.* · — _____

3. Necesitamos un tocadiscos. *vender.* · — _____

4. Ellas quieren flores. *regalar.* · — _____

5. Queremos leer una novela. *recomendar.* · — _____

6. Necesitan una mesa. *prestar.* · — _____

7. Quieren recibir cartas. *escribir.* · — _____

8. Necesitamos una llave. *dar.* · — _____

Observe 관찰하세요 2인칭 단수 불규칙 긍정, 부정 명령을 주의하세요.

Esquema gramatical 문법 도해 II

2인칭 단수 부정명령 불규칙은 아래와 같은 8개 동사뿐이다.

		(tú)	(Usted)	PRESENTE
ALGUNOS IMPERATIVOS IRREGULARES	PONER	pon	ponga	pongo
	VENIR	ven	venga	vengo
	TENER	ten	tenga	tengo
	HACER	haz	haga	hago
	SALIR	sal	salga	salgo
	PERO : poned, venid, salid...			
	SER	sé	sea	soy
	IR	ve	vaya	voy
	DECIR	di	diga	digo
	PERO: sed, id, venid...			
	3인칭 명령은 접속법과 동일한 변화형을 가진다.			

참고

스페인어 동사(과거, 미래 등) 불규칙형은 직설법 1인칭 단수가 주로 – go 로 끝난 동사 중심으로 이루어진다.

[Pratique 연습해 보아요]

I 보기와 같이 부정명령으로 변화시키세요.

보기 Ven al bar.
바로 와라

—No vengas al bar.
바로 오지 마.

1. Pon el vaso sobre la mesa.   · —_____

2. Haz los deberes.   · —_____

3. Sal de la clase.   · —_____

4. Ten paciencia.   · —_____

5. Sé amable.   · —_____

6. Di quién eres.   · —_____

7. Ven a casa.   · —_____

Hable

말해 보아요 그림을 보고 보기와 같이 2인칭 단수 불규칙으로 변화시켜보세요.

—¿Pongo el libro sobre la mesa?
—*Pon el libro sobre la mesa.*

—¿Vengo a pintar la habitación?
— _____

—¿Me das un libro?
— _____

—¿Hago la comida?
— _____

—¿Salgo a la calle?
— _____

—¿Digo la verdad?
— _____

—¿Ponemos la radio?
— _____

—¿Hacemos los deberes?
— _____

—¿Decimos que sí?
— _____

—¿Salimos esta tarde?
— _____

225

Situación 상황 XV

Práctica oral: *Imagine un diálogo.* 회화 실습: 대화를 상상해 보아요.

1.

—_____
—_____

2.

—_____
—_____

3.

—_____
—_____

4.

—_____
—_____

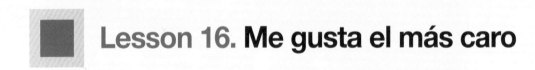

Lesson 16. Me gusta el más caro

16과의 핵심 내용

1. 형용사의 비교급
2. 형용사의 최상급
3. 불규칙 비교급

16 Me gusta el más caro

Tomás : —¿Qué abrigo te gusta más?

Carmen : —Éste me gusta mucho. Pero, no sé… Es difícil elegir.

Tomás : —Oiga, ¿cuánto cuesta este abrigo?

Dependiente : —1,000 euros. Es de piel de visón.

Tomás : —¡Oh! Es muy caro.

Carmen : —Sí. Pero es precioso.

Dependiente : —Éste es más barato, pero no es tan bueno. Es de piel de zorro.

Carmen : —No está mal. Pero prefiero ése. Es más suave y mucho más bonito.

Tomás : —Me parece una tontería gastar tanto dinero en un abrigo.

Carmen : —Y tú, ¿por qué quieres comprar un coche nuevo?

Tomás : —Es diferente. Lo necesito porque el otro está viejo.

Carmen : —Y mis abrigos también están viejos. Además, también necesito un abrigo de pieles.

Tomás : —¿Por qué no compramos uno más barato?

Carmen : —No seas tacaño. ¿Quieres comprarme el peor abrigo de la tienda?

Tomás : —No siempre el más caro es el mejor.

Carmen : —Dices eso porque no es para ti.

Tomás : —Está bien. Estoy cansado de discutir. Oiga, pónganos ése.

16 나는 가장 비싼 것을 좋아한다

Tomás : __당신은 무슨 외투가 더 마음에 들어요?

Carmen : __이게 나는 무척 좋군요. 그러나, 모르겠어요… 선택하기가 어렵군요.

Tomás : __여보세요, 이 외투는 얼마인가요?

Dependiente : __1,000 유로입니다. 밍크모피이지요. (밍크로 만들어진 거예요)

Tomás : __오! 매우 비싸군요.

Carmen : __네, 그래도 아주 예쁘군요.

Dependiente : __이것은 더 쌉니다. 그러나 그렇게 좋진 않아요. 여우 모피로 만들어 진거예요.

Carmen : __그렇게 나쁘진 않군요. 그러나 전 저게(밍크 모피) 더 마음에 들어요. 더 부드럽고 훨씬 더 아름다워요.

Tomás : __내 생각엔 한 외투에 그렇게 돈을 낭비하는 것은 어리석은 짓인 것 같소.

Carmen : __그러면 당신은 왜 새 차를 사길 원하시죠?

Tomás : __별개야. 다른 차가 낡았기 때문에 새 차가 필요해.

Carmen : __내 외투들도 낡았어요. 더구나, 역시 저도 모피로 된 외투가 필요해요.

Tomás : __왜 우리는 더 싼 것(물건)을 사지 않을까요?

Carmen : __인색하게 굴지 마세요. 가게에서 가장 나쁜 외투를 나에게 사주시길 원하시죠?

Tomás : __항상 가장 비싼게 가장 좋은 것만은 아니야.

Carmen : __당신 게 아니기 때문에 그렇게 말씀하시는 거죠.

Tomás : __좋아, 나 토론하기에 피곤해. 여보세요. 그걸(밍크코트)로 우리에게 포장해 주세요.

단어 및 보충 해설

새로 나온 단어

abrigo *m.* 외투

visón *m.* 수달, 밍크

más *adv.* 더

dependiente *m.* 종업원, 점원

suave *adj.* 감촉이 부드러운

tontería *f.* 어리석은 짓

oiga *interj.* 여보세요. (oir 3인칭 명령, 접속법과 같음)

pónganos (poner 의 3인칭 명령, 접속법과 같음, 긍정명령 + 목적 대명사)

piel *m.* 가죽, 모피

precioso *adj.* 귀중한, 소중한, 값어치 있는

tan *adv.* 그렇게 , 그정도로

zorro *m.* 여우 가죽

parecer = (gustar 용법과 같음)

además *adv.* 더군다나, 게다가

관용적 표현

Me gusta el más caro. 나는 가장 비싼 것을 좋아한다. (정관사 + más + caro – 가장 비싼)최상급

te gusta más, me gusta mucho (gustar 특수용법)

es difícil inf : inf 하기 어렵다

¿Cuánto cuesta?

¿Cuánto vale?

¿Cuánto es?

얼마입니까?

(costar – ue 변형형, 비용이 들다)

es de piel 가죽으로 된 것이다 (ser de ~ : ~ 제품(재료)으로 된 것이다) (p39 참조)

me parece una tontería 내 생각에는 어리석은 짓같은

¿Qué te parece? 넌 어떻게 생각하니?

Es diferente. 별게야.

el otro 다른 (영어의 the other)

no seas tacáño 인색하게 굴지 마세요(부정명령)

peor (malo의 불규칙 비교, el peor 가장 나쁜)

mejor (bueno의 불규칙 비교형, el mejor 가장 좋은)

estoy cansado + inf : inf 하기에 피곤하다

El libro es	MÁS MENOS	barato	QUE	el cuaderno
El libro es	TAN	bonito	COMO	
Es	el libro	MÁS	interesante de la biblioteca	

1. 형용사의 비교급

가. 우등비교

'más + 형용사 + que + 비교의 대상'의 형태를 취하며, 형용사는 주어의 성·수에 일치한다. (비교의 대상보다 더 형용사 하다)

나. 열등비교

'menos+ 형용사 + que + 비교의 대상'의 형태를 취한다.
(비교의 대상보다 덜 형용사 하다)

다. 동등비교

- 'Tan + 형용사 (부사) + como + 비교의 대상'
- '동사 + tanto + como + 비교의 대상'
- 'tanto(-a, -os, -as) + 명사 + como + 비교의 대상'
  (비교의 대상만큼 그렇게(형용사, 동사, 부사) 하다)

의 형태를 취한다.

★ 이때 tanto는 명사 앞에서는 성, 수 일치. 그러나 형용사(부사) 앞에서는 to 탈락

2. 형용사의 최상급

가. 우등최상급 [정관사 + más + 형용사 + 전치사(de, en, entre)]

나. 열등최상급 [정관사 + menos + 형용사 + 전치사(de, en, entre)]

3. 불규칙 비교급

1. 형태

másLF menos를 쓰지 않더라도 비교급이 되는 형용사나 부사가 있다.(불규칙)

원 급	비교급	최상급
bueno 좋은 bien 잘 – 부사	mejor que~	(el, la)mejor　en(de, entre) (los, las)mejores　en(de, entre)
malo 나쁜 mal 나쁘게 – 부사	peor que~	(el, la) peor　en(de, entre) (los, las) peores　en(de, entre)
grande 나이가 많은	mayor que ⎫ ⎬ 연령이나 수치비교 menor que ⎭	(el, la) mayor　en(de, entre) (los, las)mayores　en(de, entre)
pequeño 나이가 적은		(el, la) menor　en(de, entre) (los, las) menores　en(de, entre)
grande 크기가 큰	más grande que ⎫ ⎬ 사물이나 장소의 크기비교 más pequeño que ⎭	규칙에 준함
pequeño 크기가 작은		규칙에 준함

[Pratique 연습해 보아요]

Ⅰ 보기와 같이 비교급을 활용해보세요.

보기 Este abrigo es caro. · —Aquél es más caro.
이 외투는 비싸다.　　　　　　　　저(외투)것은 더 비싸다.

1. Esta casa es pequeña. · —_____

2. Esta habitación es grande. · —_____

3. Estas sillas son cómodas. · —_____

4. Estos árboles son altos. · —_____

5. Este libro es interesante. · —_____

6. Estas ventanas son estrechas. · —_____

7. Esta camisa es bonita. · —_____

8. Este coche es nuevo. · —_____

Ⅱ 보기와 같이 비교급을 활용해보세요.

보기 Aquella película es interesante. · —Ésta es menos interesante.
저 영화는 재미있다.　　　　　　　이(영화)것은 덜 재미있다.

1. Aquel libro es importante. · —_____

2. Aquellos ejercicios son difíciles. · —_____

3. Aquel disco es caro. · —_____

4. Aquellas chicas son serias. · —_____

5. Aquellos cuadros son modernos. · —_____

6. Aquel estudiante es perezoso. · —_____

7. Aquel bar es agradable. · —_____

8. Aquella mesa es larga. · —_____

Amplíe 활용해 보아요

해석 P297

비교급 · 최상급(규칙) 표현을 익히세요.

Este edificio es moderno.

Ése es **más** moderno que **éste**.

Aquél es **el más** moderno **de** la ciudad.

Este camarero es amable.

Ése es **más** amable **que** éste.

Aquél es **el más** amable **del** bar.

Esta secretaria es inteligente.

Ésa es **más** inteligente **que** ésta.

Aquélla es **la más** inteligente **de** la oficina.

Esta máquina es complicada.

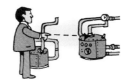

Ésa es **menos** complicada **que** ésta.

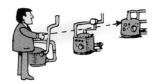

Aquélla es **la menos** complicada **de** la fábrica.

Este libro es interesante.

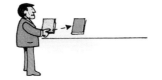

Ése es **menos** interesante **que** éste.

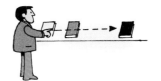

Aquél es **el menos** interesante **de** la biblioteca.

Practique 연습해 보아요

I 보기와 같이 물음에 답하세요.

> **보기** ¿Es Juan alto? 환은 키가 큽니까? ·—Sí, Juan es alto. 네. 환은 키가 큽니다.
> ¿Y Luis? 그런데 루이스는? ·—Luis es más alto que Juan.
> 루이스는 환보다 더 큽니다.

1. ¿Es María inteligente?   ·—_____
   ¿Y Carmen?   ·—_____
2. ¿Es interesante este libro?   ·—_____
   ¿Y aquél?   ·—_____
3. ¿Es amable este camarero?   ·—_____
   ¿Y ése?   ·—_____
4. ¿Es simpático Miguel?   ·—_____
   ¿Y Luis?   ·—_____
5. ¿Es moderno este cuadro?   ·—_____
   ¿Y ése?   ·—_____

El libro es menos interesante que la película
그 책은 영화보다 덜 흥미롭다

II 보기와 같이 물음에 답하세요.

> **보기** ¿Es caro el libro? 책은 비쌉니까? ·—Sí, El libro es caro. 네. 책은 비쌉니다.
> ¿Y el televisor? 그런데 TV는? ·—El televisor es menos caro que el libro.
> TV는 책보다 덜 비쌉니다.

1. ¿Es inteligente José?   ·—_____
   ¿Y Juan?   ·—_____
2. ¿Es complicada esta máquina?   ·—_____
   ¿Y ésa?   ·—_____
3. ¿Es moderno este edificio?   ·—_____
   ¿Y aquél?   ·—_____
4. ¿Es importante ese escritor?   ·—_____
   ¿Y aquél?   ·—_____
5. ¿Es ruidosa esta calle?   ·—_____
   ¿Y la otra?   ·—_____
6. ¿Es perezosa María?   ·—_____
   ¿Y Luisa?   ·—_____

Esquema gramatical 문법 도해 II

불규칙 원급 → 비교급 → 최상급 을 비교해 보세요.　해석 P297

Este Televisor es **BUENO**.

Ése es **MEJOR**.

Aquél es **EL MEJOR**.

Este coche es **MALO**.

Ése es **PEOR**.

Aquél es **EL PEOR**.

Antonio es **MENOR** que José

José es **MAYOR** que Antonio y **MENOR** que Luis.

Luis es **EL MAYOR** de los tres.

[Pratique 연습해 보아요]

보기와 같이 질문에 답하세요.

> **보기** ¿Está Ud. mejor? · —No, estoy peor.
> 당신은 더 나아졌나요? 　아니오. (난) 더 악화 됐어요.

1. ¿Tienes el peor libro? · —No, _____
2. ¿Eres el menor de la familia? · —No, _____
3. ¿Es María la mayor de las hermanas? · —No, _____
4. ¿Es Antonio el peor estudiante? · —No, _____
5. ¿Son éstos los peores cuadros? · —No, _____
6. ¿Son aquéllas las mejores tiendas? · —No, _____
7. ¿Son ellas las menores del grupo? · —No, _____
8. ¿Son Uds. los mayores de la familia? · —No, _____

Hable 말해 보아요 그림의 보기와 같이 동등 비교를 활용하세요.

 보기

Mi pelo es corto.

Mi pelo es **tan** corto **como** el tuyo.

Tu pelo también es corto.

_____

Este bolso es caro.

_____

Aquél también es caro.

_____

Este árbol es alto.

_____

Aquél también es alto.

_____

Estas señoritas son jóvenes.

_____

Aquéllas también son jóvenes.

_____

Luis es inteligente.

_____

Miguel también es inteligente.

_____

238 Lesson 16. Me gusta el más caro

Situación 상황 XVI

Práctica oral: *Imagine un diálogo.* 회화 실습: 대화를 상상해 보아요.

1.

—_____

—_____

2.

—_____

—_____

3.

—_____

—_____

4.

—_____

—_____

Fonética

[θ]   INTERDENTAL FRICATIVA SORDA.

Corresponde a la «z» y a la «c» cuando está seguida de i/e.

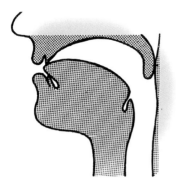

zapato.

difí**c**il.

zorro.

ne**c**esitar.

habita**c**ión.

edifi**c**io.

Articulación de la   [θ].

Ejercicios prácticos:

1. El cielo de diciembre es azul.

2. Los cigarrillos cuestan cien pesetas.

3. Los zapatos son caros.

4. El cine comienza a las diez.

5. La lección es difícil.

6. Necesito comprar carne.

7. Pepe conduce mal el coche.

8. Canta una canción interesante.

Lesson 17. ¿Habéis encontrado piso?

17과의 핵심 내용

1. 현재완료(Haber + 과거분사)
2. 과거분사의 불규칙

17 ¿Habéis encontrado piso?

Alberto : —¡Hola! ¿A dónde vais?

Carlos y
Luis : —Vamos a la pensión. Estamos muy cansados.

Alberto : —¿Todavía no habéis encontrado piso?

Carlos : —No. Esta mañana hemos visto tres, pero no nos gustan.

Alberto : —Yo también he decidido cambiar de casa. Ahora vivo en una pensión, pero mi habitación es oscura y pequeña. Además, la casa está en una calle muy ruidosa y no puedo estudiar.

Carlos : —¿Quieres venir con nosotros?

Alberto : —Estupendo. Esta mañana he visto un apartamento y puede interesarnos. Podemos verlo esta tarde para alquilarlo.

Carlos : —De acuerdo. Nosotros hemos mirado los anuncios del periódico y hemos señalado varios. Pero todavía no los hemos visto.

Alberto : —¿A qué hora nos encontramos, entonces?

Carlos : —Podemos encontrarnos en el «Café Colón» después de comer. ¿Te parece bien a las tres?

Alberto : —De acuerdo. ¡Hasta luego!

Carlos y
Luis : —¡Hasta luego!

17 너희들은 방을 구했니?

Alberto : __안녕! 너희들은 어디 가니?

Carlos y

Luis : __우리는 하숙집(기숙사)에 가. 매우 피곤해.

Alberto : __너희들은 아직도 방을 구하지 못했니?

Carlos : __그래. 오늘 아침 방 3개를 봤는데, 우리들 마음에 안들어.

Alberto : __나도 역시 집을 바꾸기로 결정했어. 난 지금 하숙집에 사는데, 나의 방은 어둡
고 작아. 더구나 그 집은 매우 시끄러운 거리에 있어서 공부를 할 수 없어.

Carlos : __넌 우리랑 함께 살 수 (올 수) 있어?

Alberto : __매우 좋지. 오늘 아침에 아파트 하나를 봤는데 우리의 관심거리가 될 수 있겠더
군. 우리는 그 아파트를 임대하기 위해 오늘 오후에 아파트를 볼 수 있어.

Carlos : __좋아. 우리들도 신문의 광고들을 봤는데 여러 곳들에 표시해 놨지. 그러나 아직
그것들을 보진 못했어.

Alberto : __그렇다면 우리 몇 시에 만날까?

Carlos : __식사 후에 《카페 콜론》에서 만날 수 있어. 3시에 괜찮겠니?

Alberto : __좋아(동의한다). 이따가 보자.

Carlos y

Luis : __이따가 보자.

단어 및 보충 해설

새로 나온 단어

haber : he, has, ha, hemos, habéis, han 으로 동사변형(p247)

pensión *f.* 기숙사, 하숙집, 펜션

todavía *adv.* 아직 ≠ ya 이미, 벌써

ruidoso(a) *adj.* 시끄러운　　　　　　　　　aquilar *v.* 임대하다, 빌리다

관용적 표현

¿Habéis encontrado? 너는 구했니?

No nos gustan. (tres가 생략) 우리는 좋아하지 않는다.

(부정 의문문의 대답으로 No는 '그렇다'는 뜻)

Hemos visto
He dicidido
Hemos mirado
Hemos señalado

Haber+과거분사(p247)
=현재완료

cambiar de ~ : ～ 를 바꾸다

oscura y pequeña 어둡고 작다

nos encontramos 만나다 (재귀 대명사 nos)

después de ~ : ～ 후에 ≠ antes de ~ : ～ 전에

¿Te parece bien a las tres? 3시에 괜찮겠니?

Hasta luego 다음에 보자, 차후에 보자.

Esquema gramatical 문법 도해 I

현재완료 : 현재시점을 기준으로 경험, 결과, 완료를 표현한다

	Haber + 과거분사 (영어의 have + p.p)		
PERFECTO	(yo) **HE** (tú) **HAS** (él) **HA** (nosotros) **HEMOS** (vosotros) **HABÉIS** (ellos) **HAN**	**comprado** **bebido** **servido**	una cerveza
	사다 compr-**ar** 마시다 beb-**er** 서비스하다 serv-**ir**	compr-**ADO** beb-**IDO** serv-**IDO** } 과거분사 규칙형	

[Pratique 연습해 보아요]

Ⅰ 보기와 같이 물음에 답하세요

보기 Yo he comprado un libro. ¿Y tú?　나는 책을 한 권 샀다. 그런데 넌?
　· —Yo también he comprado un libro.　나도 역시 책 한 권을 샀어.

1. ¿Y María?　· —_____
2. ¿Y José?　· —_____
3. ¿Y vosotros?　· —_____
4. ¿Y ellas?　· —_____
5. ¿Y Ud.?　· —_____
6. ¿Y Uds.?　· —_____
7. ¿Y tú?　· —_____
8. ¿Y ellos?　· —_____

Ⅱ He leído una revista.　¿Y Ud.?　· —_____
나는 소설 한 권을 읽었다. 그런데 넌?
etc…　· —_____

Ⅲ He recibido una carta.　¿Y tú?　· —_____
나는 편지 한 통을 받았다. 그런데 넌?
etc…　· —_____

Amplíe 활용해 보아요

그림을 보고 현재완료 형태를 학습하세요

Todavía no **ha llegado** el tren.

María **ha comprado** un bolso.

Nunca **hemos estado** en China.

Juan **ha ido** al museo.

Aún no **han reparado** el televisor.

Ha llovido toda la tarde.

Ya **he recogido** los papeles.

Este invierno **ha nevado** mucho.

Ya **ha salido** el tren.

Hemos alquilado un coche.

Practique 연습해 보아요

TODAVÍA NO HA LLEGADO
아직 도착하지 않았다

Ⅰ 보기와 같이 현재 완료를 활용하여 물음에 답하시오.

보기 ¿Ha llegado el tren?　　　　·—No, todavía no ha llegado.
기차는 도착 했나요?　　　　　　아니오. 아직 도착하지 않았어요.

1. ¿Has comprado el periódico?　·—＿＿＿＿＿＿＿＿＿＿＿＿＿

2. ¿Habéis leído la novela?　　·—＿＿＿＿＿＿＿＿＿＿＿＿＿

3. ¿Ha recibido José tu carta?　·—＿＿＿＿＿＿＿＿＿＿＿＿＿

4. ¿Ha venido el cartero?　　·—＿＿＿＿＿＿＿＿＿＿＿＿＿

5. ¿Ha alquilado Ud. un coche?　·—＿＿＿＿＿＿＿＿＿＿＿＿＿

6. ¿Has encontrado piso?　　·—＿＿＿＿＿＿＿＿＿＿＿＿＿

7. ¿Ha visitado Ud. el museo?　·—＿＿＿＿＿＿＿＿＿＿＿＿＿

Ⅱ 보기와 같이 명령형을 목적대명사를 활용하여 현재완료 형태로 답하시오.

보기 Estudie la lección.　　　·—Ya la he estudiado.
그 과를 공부하시오.　　　　이미 (난) 그것(과)을 공부했어요.

1. Compre los libros.　　　·—＿＿＿＿＿＿＿＿＿＿＿＿＿

2. Venda su coche.　　　　·—＿＿＿＿＿＿＿＿＿＿＿＿＿

3. Limpie los cristales.　　·—＿＿＿＿＿＿＿＿＿＿＿＿＿

4. Coge un taxi.　　　　　·—＿＿＿＿＿＿＿＿＿＿＿＿＿

5. Vete a la estación.　　　·—＿＿＿＿＿＿＿＿＿＿＿＿＿

6. Aprende los verbos.　　·—＿＿＿＿＿＿＿＿＿＿＿＿＿

7. Sirve la comida.　　　·—＿＿＿＿＿＿＿＿＿＿＿＿＿

8. Escuchen este disco.　　·—＿＿＿＿＿＿＿＿＿＿＿＿＿

Esquema gramatical 문법 도해 II

I 과거분사

ver 보다 → VISTO   hacer 하다, 만들다 → HECHO
poner 놓다 → PUESTO   abrir 열다 → ABIERTO
romper 깨다 → ROTO   escribir 쓰다 → ESCRITO

decir 말하다 → dicho

Estar + 과거분사 : 주어와 성 · 수 일치
  • 영어의 Be + 과거분사 → ～되어 있다

가. 규칙형
-ar ➔ ado(a)s

EJ) • La ventana está cerrada.

-er, -ir ➔ ido(a)s

EJ) • El doctor está cansado.

나. 불규칙형

EJ) escribir 쓰다	➔	escrito
abrir 열다	➔	abierto
volver 돌아오다	➔	vuelto
cubrir 덮다	➔	cubierto
poner 놓다	➔	puesto
hacer 하다, 만들다	➔	hecho
decir 말하다	➔	dicho
ver 보다	➔	visto
romper 깨다	➔	roto
resolver 해결하다	➔	resuelto
satisfacer 만족하다	➔	satisfecho

주의 '모음+er, ir' 인 경우 -ído(강세표시 유의)로 된다.

EJ) leer	➔	leído
traer 가져오다	➔	traído
oír 듣다	➔	oído

보기와 같이 2인칭 단수 불규칙 명령을 현재완료 형태로 질문해보세요
(과거분사, 불규칙 활용)

보기 **Haz los ejercicios.**
연습 문제를 해라.

· —**¿Has hecho los ejercicios?**
(넌) 연습문제를 했니?

1. Ve esta película. · — _____
2. Escribe la carta. · — _____
3. Pon un disco. · — _____
4. Abre la puerta. · — _____
5. Di la verdad. · — _____
6. Haz el ejercicio. · — _____
7. Ve el programa de esta noche. · — _____
8. Rompe esa botella. · — _____

Ⅱ **Haber + 과거분사(현재완료) 사이에 목적대명사나 재귀대명사가 들어갈 수 없다. 따라서, Haber 동사 앞으로 놓인다.**

LA
LO   he visto

LAS
LOS   he visto

보기와 같은 질문에 목적대명사를 활용, 현재완료 형태로 답하시오.

보기 **¿Vais a ver esa película?**
(너희들은) 그 영화를 볼거니?

· —**Ya la hemos visto.**
이미 (우리는) 그것(영화)을 봤어요.

1. ¿Vais a escribir las cartas? · — _____
2. ¿Vas a deshacer las maletas? · — _____
3. ¿Va a hacer los deberes? · — _____
4. ¿Va Ud. a decir la verdad? · — _____
5. ¿Van a abrir las puertas? · — _____
6. ¿Va a poner la radio? · — _____
7. ¿Vamos a ver el piso? · — _____
8. ¿Vas a escribir un libro? · — _____

Hable

말해 보아요 그림을 보고 보기와 같이 목적대명사를 사용해 질문에 대답하세요.

보기

—¿Has visto mi paraguas?

—Sí, **lo** he visto.

—¿Habéis hecho los deberes?

—_____

—¿Habéis abierto las ventanas?

—_____

—¿Has puesto la radio?

—_____

—¿Ha escrito Ud. esta carta?

—_____

—¿Me has dicho la verdad?

—_____

—¿Habéis roto el cristal?

—_____

—¿Has deshecho la cama?

—_____

Recuerde 기억해요

I 보기와 같이 답해 보세요.

GUSTAR	PREFERIR

[보기] ¿Te gusta este libro?
너는 이책을 좋아하니(맘에 드니)?

· —Éste no me gusta. Prefiero ése.
이것(책)은 맘에 안들어. 그것(책)이 더 좋아.

1. ¿Le gusta a Luis esta corbata? · —_____

2. ¿Os gustan estas revistas? · —_____

3. ¿Le gusta a Ud. este coche? · —_____

4. ¿Le gusta a María este bolso? · —_____

5. ¿Te gustan estas flores? · —_____

6. ¿Os gusta este cuadro? · —_____

7. ¿Te gusta este disco? · —_____

8. ¿Le gusta a Ud. el apartamento? · —_____

II 보기와 같이 답해 보세요.

ME PARECE INTERESANTE　　ME PARECEN INTERESANTES
(내가 보기에) 재미있는 것 같아.　　(내가 보기에) 재미있는 것 같아.

[보기] ¿Te gusta esta casa?　*agradable*.　· —Me parece agradable.
넌 이 집이 맘에 드니?　　(내가 보기에) 쾌적한 것 같아.

1. ¿Os gusta esta película?　*interesante*.　· —_____

2. ¿Le gusta a Ud. este libro?　*estupendo*.　· —_____

3. ¿Le gustan a María estas revistas?　*malas*. · —_____

4. ¿Te gusta este cuadro?　*moderno*.　· —_____

5. ¿Les gustan a Uds. estos pisos?　*cómodos*. · —_____

6. ¿Te gusta esta calle?　*ruidosa*.　· —_____

7. ¿Te gusta esta habitación?　*pequeña*.　· —_____

8. ¿Os gusta el vino?　*bueno*.　· —_____

Situación 상황 XVII

Práctica oral: *Imagine un diálogo.* 회화 실습: 대화를 상상해 보아요.

1.

— _____

— _____

2.

— _____

— _____

3.

— _____

— _____

4.

— _____

— _____

Lesson 18. ¿Vivirán aquí?

18과의 핵심 내용

1. 단순미래의 규칙
2. 단순미래의 불규칙

18 ¿Vivirán aquí?

Propietario : —¿Vienen Uds. a ver el piso?

Alberto y
Carlos : —Sí. Hemos telefoneado antes.

Propietario : —Pasen. Aquí está la cocina. No es muy grande, pero tiene todo lo necesario. ¿Vivirán aquí los tres?

Luis : —Sí, ésa es nuestra intención. ¿No hay nevera?

Propietario : —Sí. He comprado una.

La traerán mañana. Vamos al cuarto de estar. También es comedor. Hay un sofá, dos sillones, una estantería, una mesa y seis sillas. La semana que viene pintarán las paredes e instalarán un televisor.

Éste es uno de los dormitorios. Hay un armario, un sillón y una mesa de estudio. La cama es muy cómoda. Aquel balcón da a la calle. Las alfombras están en la tintorería. Las traerán pasado mañana.

Alberto : —¿Hay mucho ruido?

Propietario : —No. Esta calle es muy tranquila.

Carlos : —¿Podemos ver el cuarto de baño?

Propietario : —Sí. Está al final del pasillo. Hay agua caliente y fría, una bañera grande y ducha. El espejo está roto, pero compraré otro nuevo.

18 어떻습니까?

Propietario : __여러분은 방을 보러 오셨습니까?

Alberto y
Carlos :   __예, 전에 전화를 했었죠.

Propietario : __들어오십시오. 이곳이 부엌입니다. 매우 크지 않지만, 그러나 모든 필요한
것은 갖추어져 있지요. 여기서 세 분이 사실 겁니까?

Luis :   __예, 그것이 우리의 의도입니다. 냉장고는 없나요?

Propietario : __예, 하나를 샀어요.

내일 그걸 가져 올거예요. 거실로 가 봅시다. 역시 식당 방이지요. 하나의
소파와 두 개의 안락(팔걸이)의자, 하나의 탁자 그리고 여섯 개의 (일반)의
자가 있지요. 다음 주에는 벽들을 페인트칠 할 거고, TV를 설치할 겁니다.

이곳은 침실들 중 한 곳입니다. 하나의 옷장과 안락의자 그리고 책상이 있
지요. 침대는 매우 편안합니다. 저 발코니는 거리로 연결됩니다. 양탄자들
은 세탁소에 있고, 모레 그것들을 가져 올 겁니다.

Alberto :   __소음이 많이 있나요?

Propietario : __아니요. 이 거리는 매우 조용하지요.

Carlos :   __욕실을 볼 수 있을까요?

Propietario : __예. 복도 끝에 있어요. 뜨겁고 차가운 물이 나오고요. 거울은 깨졌지만 다
른 새 것으로 살 겁니다.

단어 및 보충 해설

새로 나온 단어

vivirán *v.* 살 것이다 (vivir 의 단순미래)

nevera *f.* 냉장고

comedor 식당

sillón 긴의자

pintarán *v.* (pintar 페인트 칠하다, 그리다, 의 단순미래형)

dormitorio *m.* 침실

mesa de estudio *m.* 책상

tintorería *f.* 세탁소

tranquilo(a) 조용한, 고요한

ducha *m.* 샤워기

compraré *v.* 살 것이다 (comprar 단순 미래형)

propietario *m.* 소유주, 주인

pasen *v.* 통과하다 (pasar의 3인칭 명령)

intención *f.* 의도

pasado mañana 모레

sofá *f.* 소파

estantería *f.* 서재

instalarán *v.* 설치할 것이다 (단순 미래)

armario *m.* 옷장

alfombra *f.* 양탄자

ruido *m.* 소음

bañera *f.* 욕조

espejo *m.* 거울

관용적 표현

hemos telefoneado 전화하다 (현재 완료)

todo lo necesario 필요한 모든 것

la traerán (la = nevera 직접 목적대명사, traer 가지고 오다의 단순 미래형)

el cuarto de estar 거실

el cuarto de baño 욕실

las traerán 가지고 올 것이다 (traer 가지고 오다,의 미래, las는 목적대명사로 alfombras를 가리킨다)

está al final del pasillo 통로의 끝에 있다

agua caliente y fría 뜨겁고 차가운 물

está roto 부서졌다 (estar + 과거분사)

원형동사(inf) + (é, ás, á, emos, éis, án)을 첨가함으로써 단순미래형을 만든다.				
	Infinitivo 원형		Terminaciones 어미	FUTURO IMPERFECTO 단순미래
FUTURO 미래	estudiar	+	-É	ESTUDIARÉ
	volver		-ÁS	ESTUDIARÁS
	escribir		-Á	ESTUDIARÁ
	estar		-EMOS	ESTUDIAREMOS
	ser		-ÉIS	ESTUDIARÉIS
	ir		-ÁN	ESTUDIARÁN
용법	1. 일반적 개념에서 미래의 행위, 상태를 표현한다.			
	2. 현재의 추측이나 상상을 표현한다.			
	3. 가벼운 명령을 표현한다.			

[Pratique 연습해 보아요]

I Juan volverá a las diez. 환은 10시에 돌아올거다.
보기와 같이 변화시키세요.

> 보기 ¿Y Antonio? *a las nueve.* · —Antonio volverá a las nueve.
> 그런데 안또니오는? 안또니오는 9시에 돌아올거다.

1. ¿Y tú? *a las doce.* · —_____
2. ¿Y Luisa? *por la tarde.* · —_____
3. ¿Y vosotros? *esta noche.* · —_____
4. ¿Y los niños? *a las siete.* · —_____
5. ¿Y José? *el jueves.* · —_____
6. ¿Y Ud.? *el sábado.* · —_____
7. ¿Y Uds.? *mañana.* · —_____
8. ¿Y vosotras? *al mediodía.* · —_____

II Yo escribiré una carta. 나는 편지 한 통을 쓸거다.
보기와 같이 변화시키세요.

> 보기 ¿Y María? *leer el periódico.* · —María leerá el periódico.
> 그런데 마리아는? 마리아는 신문을 읽을거다.

1. ¿Y vosotros? *escuchar la radio.* · —_____
2. ¿Y Ud.? *pintar la ventana.* · —_____
3. ¿Y Luis? *visitar el museo.* · —_____
4. ¿Y las secretarias? *escribir cartas.* · —_____
5. ¿Y tú? *tomar una cerveza.* · —_____
6. ¿Y ellos? *comprar libros.* · —_____
7. ¿Y ellas? *ver una película.* · —_____
8. ¿Y tú? *colgar el cuadro.* · —_____

Amplíe 활용해 보아요

그림을 보고 단순미래 형태를 연습하시오

Esta tarde nos **quedaremos** en casa.

Mañana **recogeré** mi equipaje.

Dormiremos en un hotel.

El sábado **nadaremos** en una piscina.

Pasado mañana **repararé** la bicicleta.

El mes que viene **viajaréis** en avión.

El próximo martes **pagaremos** el alquiler.

El año que viene **venderemos** esta casa.

새로나온 단어

recoger 다시 잡다, 줍다, (人, 物) 찾으러 가다

alquiler 임대, 임차

Practique 연습해 보아요

I 보기와 같이 문장을 변형시켜 보세요.

보기 **Quiero ir a Sevilla.**
나는 쎄비야에 가고 싶다.

· —**Iré a Sevilla.**
나는 세비야에 갈거다.

1. Queremos visitar a Pedro.

· — _____

2. Queremos quedarnos en casa.

· — _____

3. Quiero llevaros al cine.

· — _____

4. Isabel quiere dormir en el campo.

· — _____

5. Uds. quieren pagar la cuenta.

· — _____

6. Marta quiere llevar un sombrero verde.

· — _____

7. Quiero reparar el televisor.

· — _____

8. Ellos quieren ver la cocina.

· — _____

II 보기와 같이 문장을 변형시켜 보세요.

VOY A ACOMPAÑARTE
난 너를 동행하고자 한다

TE ACOMPAÑARÉ
난 너를 동행할거야

보기 **¿Vas a acompañarme esta noche?** (넌) 오늘밤 나와 동행하려고 하니?

· —**¿Me acompañarás esta noche?** 넌 오늘 밤 나와 동행할거니?

1. ¿Vais a ir al cine mañana?

· — _____

2. ¿Va a visitarte Juan esta tarde?

· — _____

3. ¿Vas a invitar a tus amigos?

· — _____

4. ¿Vamos a nadar en el río?

· — _____

5. ¿Van Uds. a vender esta casa?

· — _____

6. ¿Va a regalarte flores Juan?

· — _____

7. ¿Van a jugar los niños en el jardín?

· — _____

8. ¿Vas a llamarme a las once?

· — _____

Esquema gramatical 문법 도해 Ⅱ

단순미래의 불규칙			
FUTUROS IRREGULARES	tener poner venir salir decir hacer haber poder saber quere	tendr- pondr- vendr- saldr- dir- har- habr- podr- sabr- querr-	É ÁS Á EMOS ÉIS ÁN

참고

① 1인칭 단수형만 기억하면 나머지 어미는 규칙과 동일

② 스페인어에서 불규칙 동사는 주로 1인칭 단수가 –go로 끝난 동사 중심으로 이루어진다.

[Pratique 연습해 보아요]

보기와 같이 불규칙 미래형으로 변형시켜 보세요

보기 Voy a tener una visita.
(난) 방문객을 맞이하려고 해.

· —Tendré una visita.
(난) 방문객을 맞이 할거다.

1. Voy a salir a la calle.　　　　　· —_____

2. Vamos a hacer las maletas.　　· —_____

3. Van a querer acompañarnos.　· —_____

4. Va a haber una fiesta.　　　　· —_____

5. Vais a venir en enero.　　　　· —_____

6. No voy a decirte una mentira.　· —_____

7. No va a poder acompañarte.　· —_____

8. No voy a saber hacerlo.　　　· —_____

Hable

말해 보아요 보기와 같이 불규칙 미래형을 활용해 답하세요.

¿*(venir) a verme mañana?*
Vendrás a verme mañana?

¿*(ponerse)* el sombrero verde?
Te _____

¿*(tener)* tiempo para coger el tren?

_____

¿A qué hora *(salir)* de la oficina?

_____

¿*(haber)* mucha gente en la fiesta?

_____

¿*(poder)* cruzar el río?

_____

¿*(saber)* usar esta máquina?

_____

¿*(hacer)* las maletas esta noche?

_____

¿*(querer)* votar por nosotros?

_____

¿*(decir)* Ud. la verdad?

_____

Situación 상황 XVIII

Plan de vacaciones: 휴가 계획

Entonación

Visitaremos   a   Pedro.

Ejercicios prácticos:

1. Iremos a la escuela.

2. Alquilaremos un piso.

3. Vivirán aquí los tres.

4. Compraré un espejo nuevo.

5. Volveremos a las nueve.

6. Veremos una película.

7. Escribiremos una carta.

8. Estudiaremos la lección.

Lesson 19. Estoy arreglando el piso

19과의 핵심 내용

1. 현재진행 (Estar + 현재분사)
2. 현재분사의 불규칙형
3. 목적대명사의 위치

19 Estoy arreglando el piso

Luis :	—¡Bienvenido! Eres el último. Juan y yo hemos llegado hace un rato. ¿Has traído tú solo todo este equipaje?

Alberto :	—Sí. He venido en taxi. ¿Me ayudas a llevarlo a mi habitación? ¿Qué ruido es ése?
Luis :	—Hay un fontanero en la cocina. El grifo no funciona bien y lo está arreglando.

Alberto :	—Y ese señor, ¿quién es?
Luis :	—Es el electricista. Está poniendo unos enchufes.
Alberto :	—Y Carlos, ¿dónde está?
Luis :	—Está en su habitación.
Carlos :	—¡Ah! ¿Estás aquí? Yo todavía estoy deshaciendo las maletas.

Alberto :	—Yo las desharé esta tarde. Ahora estoy muy cansado. ¿Hay llaves para todos?
Luis :	—El dueño sólo nos ha dado una del portal y otra del piso. Pero yo he hecho dos más. ¿Quieres las tuyas?
Alberto :	—Sí, dámelas, por favor.

Luis :	—Tómalas. Coge éstas también y dáselas a Carlos.
Alberto :	—¿Cuánto te han costado?
Carlos :	—Yo tengo la factura. Pero no te preocupes. Se la pasaremos al dueño.

19 나는 방을 정돈하는 중이다

Luis :   __어서와(환영한다)! 네가 마지막이야. 후안과 나는 조금 전에 도착했어. 너 혼자서 이 모든 짐을 가져왔니?

Alberto :   __그래. 난 택시로 왔어. 내 방으로 짐을 운반하는데 날 도와주겠니? 그게(저게) 무슨 소리야?

Luis :   __부엌에 수도 수리공이 있어.
          수도꼭지가 잘 작동되지 않아서 그걸 수리중이야.

Alberto :   __그런데 저 사람은 누구야?

Luis :   __전기기사야. 소켓들을 설치하고 있어.

Alberto :   __그런데 까를로스는 어디 있어?

Luis :   __자기 방에 있어.

Carlos :   __야! 여기 있었니? 나는 아직 가방들을 풀고(정리하고) 있는 중이야.

Alberto :   __나는 가방들을 (오늘)오후에 정리할 거야. 지금 난 매우 피곤해. 모든 곳의 열쇠들이 있니?

Luis :   __주인이 단지 현관문 열쇠 하나와 방의 다른 열쇠 하나를 우리에게 주었어. 그러나 내가 두 개를 더 만들었지. 네 것들 원하니?

Alberto :   __그래, 나에게 그것들(열쇠)을 줘. 부탁해.

Luis :   __열쇠를 받아. 이것들도 역시 잡아(받아). 그리고 까를로스에게 건네줘.

Alberto :   __비용은 얼마나 들었지?

Carlos :   __내가 명세서를 가지고 있어. 그런데 걱정하지마 주인에게 명세서를 건네줄 거야.

단어 및 보충 해설

새로 나온 단어

arreglando *adj.* 규칙적인, 정돈한 (arreglar 현재분사)

último *adj.* 마지막, 최후의

grifo *m.* 수도꼭지

enchufe *m.* 소켓

dueño *m.* 주인

factura *f.* 명세서, 송장

fontanero *m.* 수도 수리공

electricista *f.* 전기기사

llave *f.* 열쇠

portal *m.* 현관문

관용적 표현

Estoy arreglando el piso. 나는 방을 정리중입니다.

hace + 시간: ~시간 전에 (Hacer 3인칭 단수)

en + 교통수단 : ~교통수단으로

ayudar a inf : inf + 목적대명사, inf 하는 걸 돕다

lo está arreglando = está arreglándolo (lo 목적대명사 = grifo)

está poniendo 설치중이다

estoy deshaciendo 풀어 해치는 중이다, 정리중이다

dámelas 나에게 그것(열쇠)들을 주다

　(긍정명령 + me간접목적대명사 + las 직접목적대명사)

tómalas (긍정명령 + 목적대명사)

no te preocupes 걱정마라 (재귀형 부정명령)

se la pasaremos al dueño

daselas a Carlos 까를로스에게 열쇠를 주어라 (간접목적 + 직접목적 + 동사변화형 순서, 이때 간접목적대명사가 3인칭 le, les 일 때 se로 전환된다 se 가 분명치 않을 때는 a ~ 중복형을 사용 al dueño, a Carlos)

Esquema gramatical 문법 도해 I

I

ESTAR + 현재분사 ⇒ 현재진행형 (영어의 Be + ~ing)		
Estoy Estás Está Estamos Estáis Están	**PINTANDO** **ESCRIBIENDO** **BEBIENDO**	la casa una carta agua

II

infinitivo 원형	*presente* 현재	*gerundio* 현재분사
pintar	pint-**O**	pint-**ANDO**
beber	beb-**O**	beb-**IENDO**
escribir	escrib-**O**	escrib-**IENDO**

III Los verbos en -IR que cambian la raíz en el presente, cambian también en el gerundio: o → u , e → i

현재에서 어간의 변화는 –IR형 동사들은 현재분사에서도 변한다: o → u, e → i

poder	p**ue**do	p**u**d-IENDO
dormir	d**ue**rmo	d**u**rm-IENDO
sentir	s**ie**nto	s**i**nt-IENDO
seguir	s**i**go	s**i**gu-IENDO
pedir	p**i**do	p**i**d-IENDO
decir	d**i**go	d**i**c-IENDO

PERO : venir → VIENIENDO

Si la raíz es una vocal :	*caer* *oir* *construir*	ca- o- constru-	-YENDO
만약 어간이 모음이면 –YEDNO 를 첨가한다			

Amplíe

활용해 보아요   estar + 현재분사 (영어의 be + -ing) 현재진행을 익히세요.

해석 P298

María **está limpiando** los cristales.

Estamos quitando el polvo de los muebles.

Están construyendo un hotel.

Los niños **están durmiendo.**

Juan **está barriendo** el piso.

Luisa **está fregando** la cocina.

Luis y Pepe **están yendo** a la escuela.

El anciano **está pidiendo** limosna.

Miguel **está afeitándose.**

El ladrón **está huyendo** del policía.

새로나온 단어

cristales 유리(들)	**muebles** 가구(들)	**limosna** 동냥, 구걸
afeitar(se) 면도하다		

Practique 연습해 보아요

I 보기와 같은 물음에 현재진행형으로 답하세요

> **보기** ¿Qué haces? *escribir una carta.* (너) 뭐하니? 편지를 쓰다.
>
> · —**Estoy escribiendo una carta.** (나는) 편지를 쓰는 중이다.

1. ¿Qué hace José? *leer el periódico.* · —_____
2. ¿Qué hacéis aquí? *esperar el autobús.* · —_____
3. ¿Qué hace Ud.? *escuchar la radio.* · —_____
4. ¿Qué hace Luis? *hablar con María.* · —_____
5. ¿Qué hacen Uds.? *pintar las puertas.* · —_____
6. ¿Qué hace la Sra. Pérez? *preparar la cena.* · —_____
7. ¿Qué hacen los niños? *dormir.* · —_____
8. ¿Qué haces? *reparar el coche.* · —_____

María	compra	flores
↓		↓
¿QUIÉN? 누가?		**¿QUÉ?** 무엇을?

II 보기와 같이 의문사(Quién이나 Qué)를 이용하여 현재분사 형태로 질문하세요

> **보기** Juan está pintando la puerta.   · —¿Quién está pintando la puerta?
> 환은 문을 페인트 칠하는 중이다.   누가 문을 페인트칠하고 있습니까?

1. Miguel está escribiendo una carta. · —_____
2. Isabel está haciendo ruido. · —_____
3. Ud. está arreglando la radio. · —_____
4. Yo estoy haciendo la maleta. · —_____
5. Carmen está barriendo la casa. · —_____
6. Pedro está colgando un cuadro. · —_____
7. Su madre está haciendo el café. · —_____
8. Mi amigo está fumando un cigarrillo. · —_____

Hable

말해 보아요 다음 그림을 보고 Estar+현재분사를 활용해서 상황을 표현하세요.

보기

Carlos y María _____

Los niños _____

Isabel _____

Doña Pilar _____

Carlos y Luis _____

Carmen _____

Los niños _____

Marta _____

El profesor _____

José _____

긍정명령 + 목적대명사

(이때 간접목적대명사 + 직접목적대명사 의 순서로 놓이며, 모두 3인칭일 때 간접목적대명사 le, les 는 → se 로 변형된다)

		dá	me — lo	→ Dámelo 나에게 그것을 주라
me lo		da		
		dá	se — lo	→ Dáselo 그에게 그것을 주라
se lo		da		

난 너에게 책 한 권 줄거야.

VOY A DARTE UN LIBRO.

DÁMELO

나에게 그걸 줘.

나는 환에게 선물을 사줄거야.

VOY A COMPRARLE UN REGALO A JUAN

CÓMPRASELO

그에게 그걸 선물해.

나는 너희들에게 아이스크림을 줄거야.

VOY A DAROS UNOS HELADOS

DÁNOSLOS

우리에게 그걸 줘.

나는 저들에게 꽃들을 사줄거야.

VOY A COMPRARLES UNAS FLORES

CÓMPRASELAS

저들에게 그것들을 사 줘.

[Pratique 연습해 보아요]

I 긍정명령 +간접목적 +직접목적 형태를 확인하세요.

1. Dame un libro. · —Dámelo. 나에게 그것을 주라.
2. Date un baño. · —Dátelo. 목욕해라.
3. Cómprale un helado a Miguel. · —Cómpraselo. 그에게 그것을 사줘라.
4. Regálale una bicicleta a María. · —Regálasela. 그에게 그것을 선물해라.
5. Cómprales caramelos a los niños. · —Cómpraselos. 그들에게 그것들을 사줘라.
6. Envíales unas flores a las secretarias. · —Envíaselas. 그들에게 그것들을 보내라.
7. Cómpranos un coche. · —Cómpranoslo. 우리에게 그것을 사줘라.

Practique 연습해 보아요

간접목적 + 직접목적 + 동사 의 순서로 변화. 이것이 일반적인 목적대명사의 위치이다.

I 보기와 같이 간목 + 직목 + 동사의 변화형 순으로 답하세요.

보기 ¿A quién le escribirás una carta? *a María.* (넌) 누구에게 편지를 쓸 거니? *마리아에게*
· —**Se la escribiré a María.** (나는) 마리아에게 그것(편지)을 쓸 거다.

1. ¿A quién le regalaré un libro? *a Juan.* · —_____
2. ¿A quién le darás los caramelos? *a los niños.* · —_____
3. ¿A quién le regalará Ud. las flores? *a las enfermeras.* · —_____
4. ¿A quién le venderás el coche? *a Miguel.* · —_____
5. ¿A quién le entregarás las cartas? *a ti.* · —_____
6. ¿A quién le pintarás el piso? *a mi amigo.* · —_____
7. ¿A quién le pediréis el dinero? *a vosotras.* · —_____
8. ¿A quién daréis las llaves? *a Ud.* · —_____

그러나 긍정명령인 경우 그 뒤에 간접목적 + 직접목적 순서
이때 se가 분명치 않을 때 a ~로 중복형으로 명시한다

Dá - **SE** - lo　　a **Juan**

El **«se»** puede especificarse nombrando la persona a la que se refiere.
"se"는 언급하는 사람을 지명하면서 명기할 수 있다. (즉, 중복형)

II 보기와 같이 긍정명령 다음에 목적대명사가 오는 표현을 연습하시오

보기 Dale un libro a Juan.　　· —Dáselo.
환에게 책 한 권 수어라.　　그에게 (환) 그것(책)을 주어라.

1. Cómprales unos caramelos a los niños. · —_____
2. Déme una botella. · —_____
3. Pídele la bicicleta. · —_____
4. Déjame un diccionario. · —_____
5. Regálale un libro a María. · —_____
6. Préstanos estos libros. · —_____
7. Dale esta pluma a Pedro. · —_____
8. Envíele Ud. esta carta a José. · —_____

Situación 상황 XIX

Práctica oral: *Imagine un diálogo.* 회화 실습: 대화를 상상해 보아요.

1.

— _____
— _____

2.

— _____
— _____

3.

— _____
— _____

4.

— _____
— _____

5.

— _____
— _____

6

— _____
— _____

7.

— _____
— _____

8.

— _____
— _____

Lesson 20. ¿Ya hablas español?

20과의 핵심 내용

1. 총정리
   1인칭 단수가 –zco로 끝나는 동사에 유
   의할 것!

⓴ ¿Ya hablas español?

Amiga : —¡Hola, David! ¿Qué has hecho este
verano? No te he visto por aquí.

David : —¡Hola, Ana! ¡Qué sorpresa!
He estudiado español. Ahora ya sé
un poco.

Amiga : —¿Has estado en España?

David : —Sí. Durante el mes de Julio.
He estado cerca de la Costa Brava,
en Barcelona.

Amiga : —¿Y seguirás estudiando español?

David : —Sí. Me gusta mucho. Este curso iré
una hora diaria a una academia particular. Quiero aprenderlo bien. Y el
verano que viene volveré de nuevo a
España.

Amiga : —¿Es difícil aprender español, verdad?

David : —No. No es más difícil que otras lenguas. Pero es necesario estudiar…

Amiga : —Yo también quiero aprender español.
¿Conoces una escuela buena?
El verano próximo te acompañaré a
España.

20 (너는) 벌써 스페인어를 말하니?

Amiga : __하이, 다비드! 너 이번 여름에 뭐했니? 이곳에서 널 볼 수 없었어.

David : __안녕, 아나! 깜짝이야(뜻밖이네)! 난 스페인어를 공부했어.
지금 이제 조금 (할 줄) 알아.

Amiga : __너 스페인에 있었니?

David : __그래, 7월내내 브라바 해변 근처에(있는) 바르셀로나에 있었어.

Amiga : __계속 스페인어를 공부할 거니?

David : __그래. 난 무척 좋았어(마음에 들었어) 이번 과정에는 사설 학원에 매일 한 시간
씩 갈거야. 그걸(스페인어) 잘 배우고 싶어. 오는 여름 스페인으로 다시 돌아갈
거야.

Amiga : __스페인어를 배우는 것은 어려워. 그렇지?

David : __아니야. 다른 언어들보다 더 어렵지 않아. 그러나 공부할 필요가 있지…

Amiga : __나 역시 스페인어를 배우고 싶어. 좋은 학교를 넌 알고 있니? 다음 여름 스페
인으로 널 동행할거야.

단어 및 보충해설

새로 나온 단어

durante ~ *prep.* ~동안에

academia particular 사설학원

conocer *v.* 알다 (사람이나 장소를 알 때)

diaria *adj.* 매일의, 날마다의

volveré *v.* 돌아가다 (volver 의 1인칭 단순 미래)

관용적 표현

¿Qué has hecho? 넌 뭘 했니?

No te he visto 널 보지 못했다

　　he estudiado 공부했다　⎤ 현재완료형

　　he estado 있었다　　　⎦

¡Qué sorpresa! 아휴 놀래라! (¡Qué + 형용사, 명사! → 감탄사)

ya sé un poco 이제 난 조금 안다

¿Seguirás estudiando? 계속 공부할거니? (seguir 따르다, 의 미래형 + 현재분사)

no es más difícil que otras lenguas 다른 언어들보다 더 어렵진 않다 (우등비교)

es necesario ~inf : ~inf 할 필요가 있다

el verano próximo (= el próximo verano)

　= el verano que viene 다음(오는) 여름

te acompañaré 너를 동행할거야

Hable 말해 보아요

¿Es(Ser) o está(estar)? 동사활용법을 연습하시오.

La botella _____ sucia.

La habitación _____ limpia.

El coche _____ grande.

El niño _____ al lado de la mesa.

El padre _____ en casa.

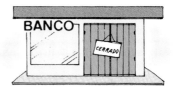

El banco _____ cerrado.

La fruta _____ madura.

Los edificios _____ altos.

El estudiante _____ cansado.

La calle _____ ancha.

Practique 연습해 보아요

conocer: 알다	**conozco, conoces, conoce,**
obedecer: 복종하다	**obedezco, ...**
conducir: 운전하다	**conduzco, ...**
agradecer: 감사하다	**agradezco, ...**
ofrecer: 제공하다	**ofrezco, ...**
nacer: 태어나다	**nazco, ...**
traducir: 번역하다	**traduzco, ...**

I 보기와 같이 목적 대명사를 활용하여 변형시키세요

보기 Conocerás a mi hermana.   ·—Ya la conozco.
    (넌) 나의 자매를 알게 될거야.   이미 (난) 그녀(너의 자매)를 알고 있어.

1. Obedecerás esta orden.   ·—_____

2. Conducirás este coche.   ·—_____

3. Agradecerás este favor.   ·—_____

4. Conoceremos el pueblo.   ·—_____

5. Agradeceréis la invitación.   ·—_____

6. Conducirá el automóvil.   ·—_____

7. Conoceremos pronto a ese hombre.   ·—_____

8. Obedeceréis al profesor.   ·—_____

II *Responda :* 물음에 답하세요

1. ¿Viven Uds. en Italia?   ·—_____

2. ¿Comen ellos en casa?   ·—_____

3. ¿Escribe María con frecuencia?   ·—_____

4. ¿Abren la puerta los niños?   ·—_____

5. ¿Lee tu abuelo el periódico?   ·—_____

6. ¿Recibes muchas cartas?   ·—_____

7. ¿Visitáis el zoo por la mañana?   ·—_____

8. ¿Escuchas la radio por la noche?   ·—_____

Practique 연습해 보아요

¿DE QUIÉN ES ....?
······..는 누구의 것입니까?

ES MÍO, MÍA, ...
······..는 나의 것이다
(이때 Mío/a 는 피소유물의 성에 따라 결정된다)

Ⅲ 보기와 같은 물음에 소유대명사를 활용하여 답하세요

보기 **¿Es de María aquel libro?**
저 책은 마리아의 것입니까?

· **—Sí, es suyo.**
네, 그녀의 것입니다.

1. ¿Es del Sr. Sánchez la bicicleta?   · — _____

2. ¿Es vuestro el tocadiscos?   · — _____

3. ¿Es de las niñas esta pelota?   · — _____

4. ¿Son de Uds. aquellos pasaportes?   · — _____

5. ¿Son de los señores estos sombreros?   · — _____

6. ¿Es de Isabel esta carta?   · — _____

7. ¿Es mía esta maleta?   · — _____

8. ¿Es de Juan el coche rojo?   · — _____

¿PARA QUIÉN ES ....?	
누구를 위한 ······.. 입니까?	
ES PARA 전치사 +	**TI** (tú) **MÍ** (yo) **ÉL** (él) etc.
전치사 + 1, 2인칭 단수 (yo, tú) → mí, ti	

¿PARA QUIÉN ES ESTA PLUMA?
이 펜은 누구를 위한 것이죠?

ES PARA MÍ
내(나를 위한)것 입니다.

Ⅳ 보기와 같이 답하세요

보기 **¿Para quién es la carta?**   *José*   · **—Es para José**
그 편지는 누구를 위한 것이죠?   호세   호세를 위한 것입니다.

1. *el niño.*   · — _____

2. *tú.*   · — _____

3. *nosotros.*   · — _____

4. *ellos.*   · — _____

5. *vosotros.*   · — _____

6. *él.*   · — _____

7. *Isabel.*   · — _____

8. *Ud.*   · — _____

Recuerde 기억해요

Fechas y tiempo 동사활용법을 연습하시오.

I ¿A qué estamos hoy?
오늘은 며칠입니까?

ESTAMOS A _____
오늘은 _____일 입니다

¿Qué es hoy?
오늘은 무슨 요일 입니까?

HOY ES _____
오늘은 _____요일입니다

ENERO						
L	M	M	J	V	S	D
	1	2	3	4	5	6
7	8	9	10	11	12	13
14	15	16	17	18	19	20
21	22	23	24	25	26	27
28	29	30	31			

¿QUÉ TIEMPO HACE EN PRIMAVERA? 봄에는 날씨가 어떻습니까?

EN PRIMAVERA HACE _____(calor/ frío/...)
봄에는   (덥다/춥다/...)

Practique 연습해 보아요

Coge el libro 책을 잡아	CÓGELO
Coge los libros 책들을 잡아	CÓGELOS

긍정명령 + 목적대명사 (이때 원래 위치에 강세가 있다.)

Ⅰ 보기와 같이 긍정명령 + 목적대명사 형태로 변화시키세요

[보기] **Cruzad la calle.**
(너희들) 거리를 건너라.

· —**Cruzadla.**
(너희들) 그곳(거리)을 건너라.

1. Coge un taxi.　　　　　　· — _____
2. Mira la televisión.　　　　· — _____
3. Compra las corbatas.　　· — _____
4. Limpia el coche.　　　　· — _____
5. Leed los periódicos.　　· — _____
6. Repite el ejercicio.　　　· — _____
7. Pinta la casa.　　　　　· — _____
8. Cuelga el cuadro.　　　· — _____

VEN 와라	**NO VENGAS** 오지 마라
HAZ LOS DEBERES 숙제를 해라	**NO HAGAS LOS DEBERES** 숙제를 하지마라
2인칭 단수 긍정명령(불규칙)	2인칭 단수 부정명령은 접속법형태로 변형

Ⅱ 보기와 같이 부정명령으로 변화하세요

[보기] **Sal a la calle.** 거기로 나가라

· —**No salgas.** 나가지 마라.

1. Venid al cine.　　　　· — _____
2. Di la verdad.　　　　· — _____
3. Tened paciencia.　　· — _____
4. Haced los ejercicios.　· — _____
5. Pon la televisión.　　· — _____
6. Venid a verme.　　　· — _____
7. Salid de casa.　　　· — _____
8. Poned la radio.　　　· — _____

Hable 말해 보아요

항상 간접목적 대명사를 수반하는 gustar 특수용법

이때 Le 나 Les 가 분명치 않을 때는 a ～ 로 나타낸다. (중복형)

ME GUSTA JUGAR   NOS _____

TE _____   OS _____

LE _____   LES _____

보기와 같이 gustar 동사를 활용해서 그림을 묘사하세요.

보기

A *María* **le gusta** andar en bicicleta.

A los jóvenes _____

A ellos _____

A mi madre _____

A nosotros _____

A vosotros _____

A Isabel _____

A mi _____

Practique 연습해 보아요

I 보기와 같이 미래형으로 전환하세요

보기 **Voy al campo.**
(나는) 시골에 간다.

· —Iré al campo.
(나는) 시골에 갈거다.

1. Aprendemos a nadar.   · —_____
2. Vuelven pronto.   · —_____
3. Es difícil.   · —_____
4. Pepe hace sus deberes.   · —_____
5. Paga siempre al contado.   · —_____
6. Paseáis por el parque.   · —_____
7. Los niños llaman a su madre.   · —_____
8. Escribe una postal.   · —_____

현재완료	현재	미래
HE IDO A ESPAÑA **HE ESTUDIADO ESPAÑOL**	**PRESENTE**	**IRÉ A ESPAÑA** **ESTUDIARÉ ESPAÑOL**
20 JUNIO 2011 HE PASADO LAS VACACIONES EN GRECIA. 나는 그리스에서 휴가를 보냈다.	**HOY 30 SEPTIEMBRE 2011**	20 JUNIO 2012 PASARÉ LAS VACACIONES EN GRECIA. 나는 그리스에서 휴가를 보낼거다.
Esta mañana **he paseado** por las Ramblas. 오늘 오전 람블라스를 산책했다.	**30 JULIO 2011**	TEATRO Esta tarde **iré** al teatro. 오늘 오후 (난) 극장에 갈거다.

부록

Lectura

Lesson 1. Amplíe 활용해 보아요

1. 까를로스는 의사이다.
2. 마누엘은 기술자이다.
3. 뻬드로는 교수이다.
4. 안또니오는 학생이다.
5. 미구엘은 건축가이다.
6. 마리아는 비서이다.
7. 까르멘은 간호사이다.
8. 루이스는 이발사이다.

Lesson 2. Amplíe 활용해 보아요

커피는 싸다.
헤레스(포도주)는 비싸다.
뻬드로는 (키가) 크다.
미구엘은 (키가) 작다.
모자는 낡았다.
책은 새것이다.
포도주는 좋다.
개는 나쁘다
의사는 뚱뚱하다.
종업원은 늘씬하다.

Lesson 3. Amplíe 활용해 보아요

(1) 정원에는 한그루의 나무가 있다.
    그 나무는 정원에 있다.
(2) 테이블 위에 병 하나가 있다.
    그 병은 테이블 위에 있다.
(3) 병원 앞에는 하나의 엠뷸런스가 있다.
    그 엠뷸런스는 병원 앞에 있다.
(4) 호텔 뒤에는 수영장이 있다.
    그 수영장은 호텔 뒤에 있다.
(5) 나무 밑에는 하나의 벤치가 있다.
    그 벤치는 나무 밑에 있다.
(6) 호텔 옆에는 극장 하나가 있다.

그 극장은 호텔 옆에 있다.
(7) 오른쪽에는 영화관이 있다.
    그 영화관은 오른쪽에 있다.
(8) 왼쪽에는 커피숍이 있다.
    그 커피숍은 왼쪽에 있다.
(9) 광장에는 한 교회가 있다.
    그 교회는 광장에 있다.
(10) 교회 옆에는 은행이 있다.
     그 은행은 교회 옆에 있다.

Lesson 4. Amplíe 활용해 보아요

테이블은 길다.
테이블은 깨끗하다.
환은 친절하다.
환은 아프다.
그림은 좁다.
그림은 망가졌다.
의사는 지적이다.
의사는 피곤하다.
테이블은 둥글다.
테이블은 더럽다.

Lesson 5. Amplíe 활용해 보아요

로뻬스 부부는 라디오를 청취한다.
마르따는 그림을 그린다.
뻬드로는 기타를 친다.
이사벨은 음식을 준비한다.
아이들은 강에서 수영한다.
학생들은 공원을 따라 산책한다.
우리는 노래를 부른다.
마리아는 와이셔츠를 세탁한다.
까를로스는 (여행용) 가방을 지니고 있다.(가지고 있다)
호세는 담배를 피운다.

Lesson 6. **Amplíe 활용해 보아요**

11. 호세와 까를로스는 바에서 맥주를 마신다.
12. 운동선수들은 트랙에서 달린다.
13. 마리아는 정원에서 오렌지를 딴다.
14. 안또니오는 거실에서 신문을 읽는다.
15. 우리는 영화관에서 영화를 본다.
16. 나는 서점에서 책들을 판다.
17. 이사벨 여사는 자기방에서 와이셔츠를 꿰맨다.
18. 아이들은 집에서 숙제를 한다.
19. 우리는 교실에서 학과를 읽는다.
20. 노파는 거리에 자동차들을 본다.

Lesson 7. **Amplíe 활용해 보아요**

1. 나는 전축을 가지고 있다.
2. 나는 (음악)레코드를 듣고싶다.
3. 이사벨은 자전거를 가지고 있다.
4. 이사벨은 차를 사길 원한다.
5. 우리는 덥다.
6. 우리는 아이스크림을 먹고 싶다.
7. 그들은 춥다.
8. 그들은 창문을 닫길 원한다.
9. 아이들은 배고프다.
10. 그들은 샌드위치(가벼운 식사)를 사길 원한다.

Lesson 8. **Amplíe 활용해 보아요**

나는 아파트에서 산다.
종업원은 커피를 제공한다.
이사벨은 펜으로 편지를 쓴다.
우리는 많은 편지들을 받는다.
루이스는 창문을 연다.
교수는 시험지들을 배분한다.
나는 아또니오와 방을 공유한다.
나는 문을 연다.
마리아는 식탁보로 테이블을 덮는다.

환은 무척 고통받고 있다.

Esquema gramatical **문법 도해 II**

1. 내 형제는 시골에 산다.
   내 자매는 도시에 산다.
2. 내 형제들은 시골에 산다.
   내 자매들은 도시에 산다.
3. 네 할아버지는 책을 쓴다.
   네 할머니는 메모를 적는다.
4. 네 할아버지들은 책을 쓴다.
   네 할머니들은 메모를 적는다.
5. 당신의 남자친구는 신문을 읽는다.
   당신의 여자친구는 잡지를 읽는다.
6. 당신의 남자친구들은 신문을 읽는다.
   당신의 여자친구들은 잡지를 읽는다.

Lesson 9. **Amplíe 활용해 보아요**

1. 기차는 8시에 떠난다.
2. 기차는 10시에 도착한다.
3. 안또니오는 5시에 사무실에서 나간다.
4. 그는 5시30분에 집에 도착한다.
5. 나는 13시 30분에 식사하러 나간다.
6. 나는 3시 45분에 사무실에 돌아온다.
7. 8시 40분에 학교에 가기위해 우리는 버스를 탄다.
8. 9시에 우리는 학교에 도착한다.

Lesson 10. **Amplíe 활용해 보아요**

이것은 서류가방이다. 내 것이다.
저것은 너의 와이셔츠다. 네 것이다.
이것은 너의 지갑이다. 네 것이다.
이것들은 당신의 가방들이다. 당신의 것들이다.
이곳은 우리 부엌이다. 우리 것이다.
이것들은 우리 레코드이다. 우리 것이다.

저것은 너희들의 아파트이다. 너희들의 것이다.
이것들은 너희들의 열쇠다. 너희들의 것이다.
저것들은 나의 그림들이다. 나의 것들이다.
이것들은 너의 편지들이다. 너의 것들이다.

Lesson 10. Hable 말해 보아요

첫 번째　　너의 집은 높다.
　　　　　　나의 집 역시 높다.
두 번째　　우리 이웃들은 친절하다
세 번째　　네 편지들은 재미있다.
네 번째　　너희들의 정원은 아름답다.
다섯 번째　당신의 가방들은 무겁다.
여섯 번째　너희들의 거리는 깨끗하다.
일곱 번째　나의 책들은 새것이다.
여덟 번째　네 아들은 담배를 많이 피운다.
아홉 번째　당신의 모자는 매우 우아하다.
열 번째　　나의 손은 더럽다.

Lesson 11. Amplíe 활용해 보아요

뻬레즈는 모자를 쓰고 있다. (회색이다.)
마리아는 장미 한다발을 산다. (빨간색이다.)
안또니오는 새옷을 입고 있다. (파란색이다.)
이사벨은 우아한 드레스(원피스)를 입고 있다. (장미색
이다.)
마르띠네즈 여사는 외투를 입고 있다. (밤색이다.)
루이스는 구두를 신어본다. (검정색이다.)
미구엘은 바지를 산다. (파란색이다.)
마리아는 스커트를 산다. (녹색이다.)
마르따는 스타킹을 산다. (노란색이다.)
미구엘은 양말을 한 켤레를 산다. (회색이다.)

Lesson 12. Amplíe 활용해 보아요

북쪽에선 자주 비가 온다.

항상 동해안과 남해안에서는 날씨가 좋다.
자주 중부지역과 서쪽에서는 춥다.
가끔 봄에 비가 온다.
겨울에는 산악지대에서는 자주 눈이 온다.
여름에는 항상 덥다.
가끔 중부지역과 산악지역에서는 온도는 낮다.
온도들은 해안지역에서는 결코 낮지 않다.

Lesson 12. El día 하루

오전에 우리는 8시 30분에 집에서 나간다.

정오에 우리는 집에 간다.
2시에 식사한다. (점심 먹는다.)

오후에 우리는 학교에 돌아온다.
3시 30분에 (교실에) 들어간다.

우리는 5시에 학교에서 나온다.
해가 질 무렵 우리는 집에 도착한다.

오후에 우리는 숙제를 한다.
9시에 저녁을 먹고 10시에 잠자리에 든다.

일요일마다 우리는 학교에 가지 않는다.
오전에 11시까지 잠을 자고 오후에는 영화관에 간다.

Lesson 13. Amplíe 활용해 보아요

이사벨은 자기 친구들을 방문한다.
아이들은 영화를 보려고 한다.
미구엘은 벽을 페인트칠하려 한다.
우리들은 소풍을 가려고 한다.
안또니오는 세차하려 한다.
이사벨과 까르멘은 춤을 추려 한다.
나는 호세 안또니오에게 인사하려고 한다.
루이스와 까를로스는 산을 오르려 한다.

Lesson 13. La edad 나이

나의 아버지는 40세이고 다음주 41번째 생일을 기념할 거다.

나의 할아버지는 85세이시고 다음 주 월요일 86번째 생일을 기념할 거다.

나의 어머니는 39세이고 모레 40번째 생일을 기념할 거다.

나의 자매는 21세이고 오는 일요일 22번째 생일을 기념할 거다.

나의 삼촌 내외분은 33세이고 오는 토요일 34번째 생일을 기념할 거다.

나의 사촌은 16세이고 다음주 화요일 17번재 생일을 기념할 거다.

Lesson 14. Amplíe 활용해 보아요

계산 하세요.
계산하지 마세요.
책들을 펴라.
책들을 펴지마라.
길을 건너세요.
길을 건너지 마세요.
택시를 타라.
택시를 타지 마.
라디오를 들어라.
라디오를 듣지마라.

Lesson 15. Amplíe 활용해 보아요

(너) 나에게 책 한 권 사줘.
(너희들) 우리에게 엽서 보내라.
(너) 저애에게 디스크를 선물해라.
(너) 그들에게 식당을 추천해라.
(당신) 나에게 사전 한 권 파세요.
(너) 저애에게 자전거를 줘라.
우리에게 학과를 설명해 주세요.

(너) 나에게 펜을 빌려줘라.
나에게 편지를 써라.
우리에게 물 한 컵 줘라.

Lesson 16. Amplíe 활용해 보아요

이 건물은 현대적이다.
그것(건물)은 이 건물보다 더 현대적이다.
저(건물)것은 학교에서 가장 현대적이다.

이 웨이터는 친절하다.
그(웨이터)는 이 웨이터보다 더 친절하다.
저 웨이터는 바에서 가장 친절하다.

이 비서는 지적이다.
그 비서는 이 비서보다 더 지적이다.
저 비서는 사무실에서 가장 지적이다.

이 기계는 복잡하다.
그 기계는 이 기계보다 덜 복잡하다.
저 기계는 공장에서 가장 덜 복잡하다.

이 책은 재미있다.
그 책은 이 책보다 덜 재미있다.
저 책을 도서관에서 가장 덜 재미있다.

Esquema gramatical 문법 도해 II

이 TV는 좋다.
그것은 더 좋다.
저것은 가장 좋다.

이 차는 나쁘다. (낡았다.)
저것은 더 낡았다.
저것은 가장 낡았다.
안또니오는 호세보다 연하이다.
호세는 안또니오보다는 연장자이고 루이스보다는 어

리다.
루이스는 세 사람 중 가장 맏이다.

루이스와 뻬뻬는 학교에 가는 중이다.
노인은 구걸하고 있다.
미구엘은 면도 중이다.
도둑은 경찰로부터 도망 중이다.

Lesson 17. **Amplíe 활용해 보아요**

아직 기차는 도착하지 않았다.
마리아는 지갑 하나를 샀다.
우리는 결코 중국에 있어본 적이 없다.
환은 박물관에 갔다.
아직 그들은 TV를 수전하지 않았다.
오후 내내 비가 왔다.
이미 나는 서류들을 정리했다.
금년 겨울에 눈이 많이 왔다.
이미 기차는 떠나버렸다.
우리는 차를 임대(렌트)했다.

Lesson 18. **Amplíe 활용해 보아요**

오늘 오후 우리는 집에 머물 겁니다.
내일 나는 나의 집을 찾으러 갈거다.
우리는 호텔에서 잘 겁니다.
토요일 우리는 수영장에서 수영할 겁니다.
모레 나는 자전거를 수선할 겁니다.
다음 달 나는 비행기로 여행할 겁니다.
다음 달 우리는 임대료를 지불할 겁니다.
내년에 우리는 집을 팔 겁니다.

Lesson 19. **Amplíe 활용해 보아요**

마리아는 유리를 닦고 있다.
우리는 가구의 먼지들을 터는 중이다.
호텔을 건축중이다.
아이들은 자는 중이다.
환은 바닥을 청소하고 있다.
루이사는 부엌을 닦고 있다.

Memo

Clave de respuestas

1과

Página 28

I.

1. Tú eres estudiante. (너는 학생이다.)
2. Carlo es estudiante. (까를로는 학생입니다.)
3. Yo soy estudiante. (나는 학생입니다.)
4. El es estudiante. (그는 학생입니다.)
5. Klaus es estudiante. (끌라우스는 학생입니다.)
6. Ella es estudiante. (그녀는 학생입니다.)

II.

1. Sí, soy español. (네, 나는 스페인 사람입니다.)
2. Sí, soy Bárbara. (네, 나는 바르바라입니다.)
3. Sí, soy Klaus. (네, 나는 끌라우스입니다.)
4. Sí, soy alemán. (네, 나는 독일 사람입니다.)
5. Sí, soy Carlo. (네, 나는 까를로입니다.)
6. Sí, soy estudiante de español.
   (네, 나는 스페인어반 학생입니다.)

Página 30

I.

1. Sí, es médico. (네, 의사입니다.)
2. Sí, es ingeniero. (네, 기술자입니다.)
3. Sí, es profesor. (네, 교수님입니다.)
4. Sí, es alumno. (네, 학생입니다.)
5. Sí, es arquitecto. (네, 건축가입니다.)
6. Sí, es secretaria. (네, 비서입니다.)
7. Sí, es enfermera. (네, 간호사입니다.)
8. Sí, es peluquero. (네, 이발사입니다.)

II.

1. ¿Eres Carlo? (네가 까를로니?)
2. ¿Eres Klaus? (네가 끌라우스니?)
3. ¿Eres Pedro? (네가 뻬드로니?)
4. ¿Eres Antonio? (네가 안또니오니?)
5. ¿Eres Miguel? (네가 미구엘이니?)
6. ¿Eres María? (네가 마리아니?)
7. ¿Eres Carlos? (네가 까를로스니?)

8. ¿Eres Carmen? (네가 까르멘이니?)

Página 31

- Yo soy ruso. (나는 러시아 사람입니다.)
- El es alemán. (그는 독일 사람입니다.)
- Carlo es italiano. (까를로는 이탈리아 사람이다.)
- María es americana. (마리아는 아메리칸이다.)
- Antonio es francés. (안또니오는 프랑스사람입니다.)
- Tú eres español. (너는 스페인 사람이다.)
- Carlo es italiano. (까를로는 이탈리아 사람이다.)
- Yo soy inglés. (나는 영국 사람입니다.)
- Tú eres holandés. (너는 네덜란드 사람이다.)

Página 32

I.

¿Cómo te llamas? (네 이름이 뭐니?)
Me llamo Carlo.(내 이름은 까를로입니다.)
¿Cómo te llamas? (네 이름이 뭐니?)
Me llamo Klaus.(내 이름은 끌라우스입니다.)
¿Cómo te llamas? (네 이름이 뭐니?)
Me llamo María.(내 이름은 마리아입니다.)
¿Cómo te llamas? (네 이름이 뭐니?)
Me llamo Antonio.(내 이름은 안또니오입니다.)
¿Cómo te llamas? (네 이름이 뭐니?)
Me llamo Miguel.(내 이름은 미구엘입니다.)
¿Cómo te llamas? (네 이름이 뭐니?)
Me llamo Carlos.(내 이름은 까를로스입니다.)
¿Cómo te llamas? (네 이름이 뭐니?)
Me llamo Carmen.(내 이름은 까르멘입니다.)
¿Cómo te llamas? (네 이름이 뭐니?)
Me llamo Pedro.(내 이름은 뻬드로입니다.)

II.

1. Este es Carlo. (이 사람은 까를로입니다.)
2. Este es Klaus. (이 사람은 끌라우스입니다.)
3. Este es Antonio. (이 사람은 안또니오입니다.)
4. Este es Bárbara. (이 사람은 바르바라입니다.)
5. Estes es Carlos. (이 사람은 까를로스입니다.)

6. Este es Andrés. (이 사람은 안드레스입니다.)
7. Esta es Carmen. (이 사람은 까르멘입니다.)
8. Esta es María. (이 사람은 마리아입니다.)

2과

Página 40

1. Sois americanos. (너희들은 아메리칸이다.)
2. Son camareros. (그들은 종업원입니다.)
3. Sois italianos. (너희들은 이탈리아 사람이다.)
4. Eres simpático. (너는 친절하다.)
5. Son médicos. (그들은 의사입니다.)
6. Es arquitecto. (그는 건축가입니다.)
7. Soy peluquero. (나는 이발사입니다.)
8. Es ingeniero. (그는 기술자입니다.)

Página 42

-No es italiano. Es español.
(이탈리아 사람이 아니고, 스페인 사람입니다.)
-No somos españoles. Somos rusos.
(우리는 스페인 사람이 아니고, 러시아 사람입니다.)
-No somos alumnos. Somos camareros.
(우리는 학생이아니고, 종업원입니다.)
-No soy médico. Soy arquitecto.
(나는 의사가 아니고, 건축가입니다.)
-No soy alemán. Soy francés.
(나는 독일 사람이 아니고, 프랑스 사람입니다.)
-No somos secretarias. Somos enfermeras. (우리는 비서가 아니고, 간호사입니다.)
-No somos profesores. Somos estudiantes. (우리는 교수가 아니고, 학생입니다.)

Página 44

-El médico (의사)
-El bar (바)
-El señor (신사)
-La mesa (테이블)
-El peluquero (이발사)
-El libro (책)
-La señorita (아가씨)
-El camarero (종업원)
-La enfermera (간호사)
-La casa (집)
-El profesor (교수)
-El arquitecto (건축가)
-El / La estudiante (학생)
-La secretaria (비서)

Página 45

1. Aquel camarero también es simpático.
(저 웨이터 역시 친절합니다.)
2. Aquel médico también es gordo.
(저 의사 역시 뚱뚱합니다.)
3. Aquel sombrero también es viejo.
(저 모사 역시 낡았습니다.)
4. Aquel profesor también es delgado.
(저 교수님 역시 날씬합니다.)
5. Aquel libro también es nuevo.
(저 책 역시 새 것입니다.)
6. Aquel señor también es italiano.
(저 분 역시 이탈리아 사람입니다.)
7. Aquel estudiante también es extranjero.
(저 학생 역시 외국인입니다.)

Página 46

1. Aquella enfermera también es alta.
(저 간호사 역시 키가 큽니다.)
2. Aquella mesa también es baja.
(저 테이블 역시 낮습니다.)
3. Aquella casa también es vieja.
(저 집 역시 낡았습니다.)
4. Aquella secretaria también es simpática. (저 비서 역시 친절합니다.)
5. Aquella escuela también es nueva.
(저 학교 역기 새 것입니다.)
6. Aquella chica también es italiana.

(저 소녀 역시 이탈리아 사람입니다.)

7. Aquella señorita también es francesa.
(저 아가씨 역시 프랑스 사람입니다.)

8. Aquella alumna también es alta.
(저 학생 역시 키가 큽니다.)

1. Soy de Alemania. (나는 독일 출신입니다.)
2. Soy de Francia. (나는 프랑스 출신입니다.)
3. Soy de Italia. (나는 이탈리아 출신입니다.)
4. Soy de Inglaterra. (나는 영국 출신입니다.)
5. Soy de Holanda. (나는 네덜란드 출신입니다.)
6. Soy de América. (나는 아메리카 출신입니다.)
7. Soy de Rusia. (나는 러시아 출신입니다.)

3과

Pagina 54

I.

1. ¿Y tu? (너는?)
    Yo estoy bien. (나는 잘 있다.)
2. ¿Y los ninos? (아이들은?)
    Los ninos estan bien. (아이들은 잘 있다.)
3. ¿Y Maria? (마리아는?)
    Maria esta bien. (마리아는 잘 있다.)
4. ¿Y vosotros? (너희들은?)
    Nosotros estamos bien. (우리들은 잘 있다.)
5. ¿Y Pedro y Antonio? (뻬드로와 안또니오는?)

    Pedro y Antonio estan bien. (뻬드로와 안또니오는 잘 있다.)
6. ¿Y Jose? (호세는?)
    Jose esta bien. (호세는 잘 있다.)
7. ¿Y ellos? (그들은?)
    Ellos estan bien. (그들은 잘 있다.)
8. ¿Y ella? (그녀는?)
    Ella esta bien. (그녀는 잘 있다.)

II.

1. ¿Como esta ella?　bien.
    (그녀는 잘 있니? 잘)

Ella esta bien. (그녀는 잘 있다.)

2. ¿Como estais vosotros?　cansados.
    (너희들은 잘 있니? 피곤하다)
    Nosotros estamos cansados.
    (우리들은 피곤하다.)
3. ¿Como estan ellos?　resfriados.
    (그들은 잘 있니? 감기 걸리다)
    Ellos estan resfriados. (그들은 감기 걸렸다.)
4. ¿Como estas?　enfermo.
    (너는 잘 있니? 아픈)
    Yo estoy enfermo. (나는 아프다.)
5. ¿Como esta Juan?　comodo.
    (환은 잘 있니? 편안한)
    Juan esta comodo. (환은 편안하다.)
6. ¿Como esta la habitacion?
    desordenada. (방은 어떠니? 지저분하다)
    La habitacion esta desordenada.
    (방은 지저분하다.)
7. ¿Como esta la ventana?　cerrada.
    (창문은 어떠니? 닫혀진)
    La ventana esta cerrada.
    (창문은 닫혀 있다.)
8. ¿Como estais?　bien.
    (너희들은 잘 있니? 잘)
    Nosotros estamos bien. (우리들은 잘 있다.)

Página 56

-El libro está sobre la mesa.
(그 책은 테이블 위에 있다.)
-Los libros están sobre la mesa. (그 책들은
    테이블 위에 있다.)
-La silla está al lado de la mesa.
(그 의자는 테이블 옆에 있다.)
-Las sillas están al lado de la mesa.
(그 의자들은 테이블 옆에 있다.)
-La enfermera está delante de la puerta.
(그 간호사는 문 앞에 있다.)
-Las enfermeras están delante de la puer-
    ta. (그 간호사들은 문 앞에 있다.)
-El gato está debajo del árbol.
(그 고양이는 나무 아래에 있다.)
-Los gatos están debajo del árbol.

(그 고양이들은 나무 아래에 있다.)

-El cine está a la izquierda de los niños.
(그 영화관은 아이들 왼쪽에 있다.)

-Los niños están a la izquierda del cine.
(그 아이들은 영화관 왼쪽에 있다.)

-El profesor está detrás de la mesa.
(그 교수님은 테이블 뒤에 있다.)

-Los profesores están detrás de la mesa.
(그 교수님들은 테이블 뒤에 있다.)

Página 57

I.

1. ¿Dónde está Luis?
(루이스는 어디 있습니까?)
   -Luis está en la oficina.
   (루이스는 사무실에 있다.)

2. ¿Dónde está María?
(마리아는 어디 있습니까?)
   -María está en el jardín.
   (마리아는 정원에 있다.)

3. ¿Dónde está Antonio?
(안또니오는 어디 있습니까?)
   -Antonio está en el hotel.
   (안또니오는 호텔에 있다.)

4. ¿Dónde está José?
(호세는 어디 있습니까?)
   -José está en la piscina.
   (호세는 수영장에 있다.)

5. ¿Dónde está el médico? (그 의사는 어디
있습니까?)
   -El médico está en el hospital.
   (그 의사는 병원에 있다.)

6. ¿Dónde está el profesor?
(그 교수는 어디 있습니까?)
   -El profesor está en la escuela.
   (그 교수는 학교에 있다.)

7. ¿Dónde está el camarero?
(그 웨이터는 어디 있습니까?)
   -El camarero está en el bar.
   (그 웨이터는 바에 있다.)

8. ¿Dónde está el peluquero?
(그 이발사는 어디 있습니까?)

-El peluquero está en la peluquería.
(그 이발사는 이발소에 있다.)

II.

1. ¿Dónde está el diccionario? (사전은 어디
에 있습니까?)
   -El diccionario está sobre la mesa.
   (사전은 테이블 위에 있습니다.)

2. ¿Dónde está el teatro?
(극장은 어디에 있습니까?)
   -El teatro está al lado de la iglesia.
   (극장은 교회 옆에 있습니다.)

3. ¿Dónde está el cine?
(영화관은 어디에 있습니까?)
   -El cine está a la derecha.
   (영화관은 오른쪽에 있습니다.)

4. ¿Dónde está la piscina?
(수영장은 어디에 있습니까?)
   -La piscina está detrás del hotel.
   (수영장은 호텔 뒤에 있습니다.)

5. ¿Dónde está la ambulancia?
(앰뷸런스는 어디에 있습니까?)
   -La ambulancia está delante de la puerta. (앰뷸런스는 문 정면에 있습니다.)

6. ¿Dónde están los bancos?
(벤치들은 어디에 있습니까?)
   -Los bancos están debajo del árbol.
   (벤치들은 나무 아래에 있습니다.)

7. ¿Dónde están las mesas?
(테이블들은 어디에 있습니까?)
   -Las mesas están en el centro.
   (테이블들은 중앙에 있습니다.)

8. ¿Dónde están las ventanas?
(창문들은 어디에 있습니까?)
   -Las ventanas están a la izquierda.
   (창문들은 왼쪽에 있습니다.)

Página 58

I.

1. Sí, en la clase hay un diccionario.
(네, 교실에는 한 권의 사전이 있습니다.)

2. Sí, en la plaza hay un teatro.
   (네, 광장에는 하나의 극장이 있습니다.)
3. Sí, en la calle hay un cine.
   (네, 거리에는 하나의 영화관이 있습니다.)
4. Sí, debajo del árbol hay unos gatos.
   (네, 나무 아래에는 몇 마리의 고양이들이 있습니다.)
5. Sí, en el hospital hay una ambulancia.
   (네, 병원에는 앰뷸런스가 있습니다.)
6. Sí, en el jardín hay unos bancos.
   (네, 정원에는 벤치들이 있습니다.)
7. Sí, en el bar hay unas mesas.
   (네, 바에는 테이블들이 있습니다.)
8. Sí, en la casa hay una ventana.
   (네, 집에는 하나의 창문이 있습니다.)

Página 59

II.

1. En la plaza hay una iglesia.
   (광장에는 교회가 있습니다.)
2. En la plaza hay un hospital.
   (광장에는 병원이 있습니다.)
3. En la plaza hay un teatro.
   (광장에는 극장이 있습니다.)
4. En la plaza hay una cafetería.
   (광장에는 커피숍이 있습니다.)
5. En la plaza hay unos bancos.
   (광장에는 벤치들이 있습니다.)
6. En la plaza hay unos árboles.
   (광장에는 나무들이 있습니다.)
7. En la plaza hay un cine.
   (광장에는 영화관이 있습니다.)
8. En la plaza hay unas escuelas.
   (광장에는 학교들이 있습니다.)

Página 60

I.

1. ¿Cómo es el jardín? (그 정원은 어떻습니까?)
2. ¿Cómo es el àrbol? (그 나무는 어떻습니까?)
3. ¿Cómo es la enfermera?
   (그 간호사는 어떻습니까?)

4. ¿Cómo es el patio? (그 뜰은 어떻습니까?)
5. ¿Cómo es la calle? (그 거리는 어떻습니까?)
6. ¿Cómo es la iglesia?
   (그 교회는 어떻습니까?)
7. ¿Cómo es el hospital?
   (그 병원은 어떻습니까?)
8. ¿Cómo es el hotel? (그 호텔은 어떻습니까?)

II.

1. ¿Dónde está el médico?
   (의사는 어디 있습니까?)
2. ¿Dónde está el gato?
   (고양이는 어디 있습니까?)
3. ¿Dónde está el hotel?
   (호텔은 어디 있습니까?)
4. ¿Dónde está la puerta?
   (문은 어디 있습니까?)
5. ¿Dónde está el banco?
   (벤치는 어디 있습니까?)
6. ¿Dónde está la ambulancia?
   (앰뷸런스는 어디 있습니까?)
7. ¿Dónde está la mesa?
   (테이블은 어디 있습니까?)
8. ¿Dónde está la clase?
   (교실은 어디 있습니까?)

4과

Página 69

I.

1. La ventana está abierta.
   (창문은 열어져있다.)
2. La puerta es estrecha. (문은 좁다.)
3. El bar está cerrado.
   (바는 닫혀져있다./ 바는 영업이 끝났다.)
4. El camarero es simpático.
   (웨이터는 친절하다.)
5. El libro es barato. (책은 싸다.)
6. El estudiante es agradable.

(학생은 명랑하다.)

7. La casa es ancha. (집은 넓다.)
8. Juan está enfermo (환은 아프다.)

II.

1. ¿Cómo está el camarero?
   (웨이터는 어떻게 있어?/ 잘 있어?)
2. ¿Cómo está Manolo?
   (마놀로는 어떻게 있어?/ 잘 있어?)
3. ¿Cómo estamos nosotros?
   (우리는 어떻지?)
4. ¿Cómo está María?
   (마리아는 어떻게 있어?/ 잘 있어?)
5. ¿Cómo está el médico?
   (의사는 어떻게 있어?/ 잘 있어?)
6. ¿Cómo está la secretaria?
   (비서는 어떻게 있어?/ 잘 있어?)
7. ¿Cómo está la madre?
   (어머니는 어떻게 있어?/ 잘 있어?)
8. ¿Cómo está la habitación? (방은 어때?)

Página 70

1. El bar es agradable. (바는 쾌적하다.)
   El bar está abierto. (바는 영업 중이다.)
2. La enfermera es simpática.
   (간호사는 친절하다.)
   La enfermera está cansada.
   (간호사는 피곤하다.)
3. Pedro es alto. (뻬드로는 키가 크다.)
   Pedro está enfermo. (뻬드로는 아프다.)
4. Las mesas son largas. (테이블들은 길다.)
   Las mesas están sucias.
   (테이블들은 더럽다.)
5. Las mesas están limpias.
   (테이블들은 깨끗하다.)
   Las mesas son redondas.
   (테이블들은 둥그렇다.)
6. Los médicos están cansados.
   (의사들은 피곤하다.)
   Los médicos son agradables.
   (의사들은 명랑하다.)
7. El libro es barato. (책은 싸다.)

El libro está roto. (책은 찢어졌다.)

8. El parque es grande. (공원은 크다.)
   El parque está abierto. (공원은 개방되었다.)

Página 72

1. Aquellos libros también son baratos.
   (저 책들 역시 싸다.)
2. Aquellos cuadros también son interesantes. (저 그림들 역시 흥미롭다.)
3. Aquellos edificios también son grandes.
   (저 건물들 역시 크다.)
4. Aquellas ventanas también están abiertas. (저 창문들 역시 열려져있다.)
5. Aquellos sombreros también están
   rotos. (저 모자들 역시 망가졌다.)
6. Aquellas ventanas también son altas.
   (저 창문들 역시 높다.)
7. Aquellas habitaciones también son
   grandes. (저 방들 역시 크다.)
8. Aquella casa también es alta.
   (저 집 역시 높다.)
9. Esta ventana también es estrecha.
   (저 창문 역시 좁다.)
10. Aquel estudiante también está cansa-
    do. (저 학생 역시 피곤하다.)
11. Aquel niño también está enfermo.
    (저 아이 역시 아프다.)
12. Esta señorita también es agradable.
    (저 아가씨 역시 명랑하다.)
13. Esta calle también es ancha.
    (이 거리 역시 넓다.)
14. Aquella silla también es cómoda.
    (저 의자 역시 편하다.)

5과

Página 80

I.

1. María estudia inglés.
   (마리아는 영어를 공부합니다.)
2. Nosotros estudiamos ruso.
   (우리들은 러시아어를 공부합니다.)
3. José y Carlos estudian francés.
   (호세와 까를로스는 프랑스어를 공부합니다.)
4. Antonio estudia alemán.
   (안또니오는 독어를 공부합니다.)
5. Yo estudio italiano.
   (나는 이탈리아어를 공부합니다.)

II.

1. Isabel trabaja en un hospital.
   (이사벨은 병원에서 일합니다.)
2. Nosotros trabajamos en un bar.
   (우리들은 바에서 일합니다.)
3. Luis y Carlos trabajan en un hotel.
   (루이스와 까를로스는 호텔에서 일합니다.)
4. Nosotros trabajamos en un banco.
   (우리들은 은행에서 일합니다.)
5. Yo trabajo en una escuela.
   (나는 학교에서 일합니다.)

Página 82

1. El estudiante estudia en la universidad.
   (그 학생은 대학에서 공부합니다.)
2. El niño nada en el río.
   (그 아이는 강에서 수영을 합니다.)
3. La gente pasea por el parque.
   (사람들은 공원에서 산책합니다.)
4. Juan estudia matemática.
   (환은 수학을 공부합니다.)
5. Antonio toma café en la cafetería.
   (안또니오는 커피숍에서 커피를 마십니다.)
6. Luis pinta un cuadro.
   (루이스는 그림을 그립니다.)

7. José fuma un cigarrillo en la habitación.
   (호세는 방에서 담배를 피웁니다.)
8. Carlos compra un regalo en la tienda.
   (까를로스는 가게에서 선물을 삽니다.)
9. Miguel lleva unas maletas.
   (미구엘은 가방들을 휴대하고 있습니다.)

Página 84

I.

1. Estas lecciones son fáciles.
   (이 학과들은 쉽다.)
2. Estos niños son alemanes.
   (이 아이들은 독일인이다.)
3. Estas casas son agradables.
   (이 집들은 쾌적하다.)
4. Estos señores son ingleses.
   (이 분들은 영국 사람들이다.)
5. Aquellas enfermas son muy amables.
   (저 간호사들은 매우 친절하다.)
6. Estas lecciones son muy difíciles.
   (이 학과들은 매우 쉽다.)
7. Aquellos hoteles son muy grandes.
   (저 호텔들은 매우 크다.)
8. Estos médicos son españoles.
   (이 의사들은 스페인 사람들이다.)

II.

1. El problema es fàcil. (그 문제는 쉽다.)
2. Los estudiantes son simpáticos.
   (학생들은 친절하다.)
3. La casa es grande. (그 집은 크다.)
4. La lección es difícil. (그 학과는 어렵다.)
5. La enfermera es bonita.
   (그 간호사는 예쁘다.)
6. El libro es nuevo. (그 책은 새 것이다.)
7. El café es amargo. (커피는 쓰다.)
8. El hotel es cómodo. (호텔은 편하다.)

Página 85

I.

1. Juan escucha la radio.
   (환은 라디오를 듣는다.)
2. Luis pinta un cuadro.
   (루이스는 그림을 그린다.)
3. Pedro y María nadan en el río.
   (뻬드로와 마리아는 강에서 수영한다.)
4. Luis y yo compramos flores.
   (루이스와 나는 꽃들을 산다.)
5. Ud. habla inglés. (당신은 영어를 말한다.)
6. Juan y tú tocáis las guitarras.
   (환과 너는 기타를 연주한다.)
7. Tú trabajas en la universidad.
   (너는 대학에서 일한다.)
8. Yo tomo un vaso de vino.
   (나는 포도주 한 잔을 마신다.)

II.

1. ¿Qué canta Ud.?
   (당신은 무슨 노래를 부릅니까?)
2. ¿Qué estudia Ud.?
   (당신은 무엇을 공부합니까?)
3. ¿Qué compra Ud.? (당신은 무엇을 삽니까?)
4. ¿Qué lava Ud.? (당신은 무엇을 씻습니까?)
5. ¿Qué lleva Ud.? (당신은 무엇을 운반합니까?)
6. ¿Qué fuma Ud.? (당신은 무엇을 피웁니까?)
7. ¿Qué toma Ud.? (당신은 무엇을 마십니까?)
8. ¿Qué escucha Ud.?
   (당신은 무엇을 듣습니까?)

6과

Página 94

1. (Yo) bebo cerveza. (나는 맥주를 마신다.)
2. (José) bebe vino. (호세는 포도주를 마신다.)
3. (Yo) bebo agua. (나는 물을 마신다.)
4. (Nosotros) bebemos leche.

(우리들은 우유를 마신다.)
5. (María) lee un periódico.
   (마리아는 신문을 읽는다.)
6. (Los niños) leen un libro.
   (아이들은 책을 읽는다.)
7. (Yo) leo una novela. (나는 소설을 읽는다.)

Página 96

1. vino- José bebe vino.
   (호세는 포도주를 마신다.)
2. parque - Los niños corren en el parque.
   (아이들은 공원에서 뛴다.)
3. novela - Juan lee una novela.
   (환은 소설을 읽는다.)
4. las maletas - Pedro coge las maletas.
   (뻬드로는 가방을 잡는다.)
5. televisión - Mi padre ve la televisión.
   (나의 아버지는 TV를 보신다.)
6. tienda - Los dependientes venden las
   camisas en una tienda.
   (종업원들은 가게에서 Y셔츠를 판다.)
7. deberes - Los niños hacen los deberes.
   (아이들은 숙제를 한다.)
8. falda - María cose una falda.
   (마리아는 스커트를 꿰맨다.)
9. inglés - Miguel habla muy bien el inglés. (미구엘은 영어를 매우 잘 말한다.)
10. los coches - La anciana ve los coches
    en la calle. (노파는 거리에 자동차들을 본다.)

Página 98

I.

1. No comprendo el italiano.
   ((나는) 이탈리아어를 이해하지 못한다.)
2. No comprendemos el ruso.
   ((우리들은) 러시아어를 이해하지 못한다.)
3. No comprende el holandés.
   ((까를로스는) 네덜란드어를 이해하지 못한다.)
4. No comprendo el alemán.
   ((나는) 독어를 이해하지 못한다.)

5. No comprenden el francés.
   (((그들은) 불어를 이해하지 못한다.))

6. No comprendemos el japonés.
   (((우리들은) 일본어를 이해하지 못한다.))

7. No comprendemos el español.
   (((우리들은) 스페인어를 이해하지 못한다.))

II.

1. ¿Dónde escucha María la radio?
   (마리아는 어디서 라디오를 듣습니까?)

2. ¿Dónde leéis (vosotros) el periódico?
   (너희들은 어디서 신문을 읽니?)

3. ¿Dónde toman los estudiantes café?
   (학생들은 어디서 커피를 마십니까?)

4. ¿Dónde vende María libros?
   (마리아는 어디서 책들을 팝니까?)

5. ¿Dónde haces (tú) los deberes?
   (너는 어디서 숙제를 하니?)

6. ¿Dónde ve Antonio la televisión?
   (안또니오는 어디서 TV를 봅니까?)

7. ¿Dónde come Carmen una tortilla?
   (까르멘은 어디서 오믈렛을 먹습니까?)

7과

Página 112

I.

1. Luis también tiene un vaso.
   (루이스 역시 컵을 가지고 있다.)

2. Yo también tengo una novela.
   (나 역시 소설 한 권을 가지고 있다.)

3. Ellos también tienen un cuadro.
   (그들 역시 한 폭의 그림을 가지고 있다.)

4. Nosotros también tenemos un jardín.
   (우리들 역시 정원을 가지고 있다.)

5. María también tiene un gato.
   (마리아 역시 고양이 한 마리를 가지고 있다.)

6. Yo también tengo una maleta.
   (나 역시 여핵용 가방을 가지고 있다.)

7. Nosotros también tenemos un periódico. (우리들 역시 신문을 가지고 있다.)

8. Yo también tengo una radio.
   (나 역시 라디오를 가지고 있다.)

II.

1. -¿Quieres una novela?
   (너는 소설을 원하니?)
   -¿Quiere Ud. una novela?
   (당신은 소설을 원합니까?)

2. -¿Quieres un libro?
   (너는 책 한 권을 원하니?)
   -¿Quiere María un libro?
   (마리아는 책 한 권을 원합니까?)

3. -¿Quieres un coche?
   (너는 차 한 대를 원하니?)
   -¿Quiere José un coche?
   (호세는 차 한 대를 원합니까?)

4. -¿Quieres una camisa?
   (너는 Y셔츠를 원하니?)
   -¿Queréis (vosotros) una camisa?
   (너희들은 Y셔츠를 원하니?)

5. -¿Quieres una silla? (너는 의자를 원하니?)
   -¿Quieren Uds. una silla?
   (여러분은 의자를 원하십니까?)

6. -¿Quieres un gato? (너는 고양이를 원하니?)
   -¿Queremos un gato?
   (우리는 고양이를 원합니까?)

Página 113

III.

1. Ya tengo uno. (이미 난 한 권을 가지고 있다.)

2. Ya tengo una. (이미 난 하나를 가지고 있다.)

3. Ya tenemos una.
   (이미 우리는 집 한 채를 가지고 있다.)

4. Ya tiene uno. (이미 환은 한 부를 가지고 있다.)

5. Ya tengo una. (이미 난 하나를 가지고 있다.)

6. Ya tengo una. (이미 난 한 대를 가지고 있다.)

7. Ya tienen uno.
   (이미 그들은 한 마리를 가지고 있다.)

8. Ya tengo uno.
   (이미 나는 샌드위치를 가지고 있다.)

IV.

1. Quiero comprar un disco.
   (나는 레코드 하나를 사고 싶다.)
2. Quiero comprar una casa.
   (나는 집 한 채를 사고 싶다.)
3. Quiero comprar una mesa.
   (나는 테이블 하나를 사고 싶다.)
4. Quiero comprar una silla.
   (나는 의자 하나를 사고 싶다.)
5. Quiero comprar un gato.
   (나는 고양이 한 마리를 사고 싶다.)
6. Quiero comprar un cuadro.
   (나는 한 폭의 그림을 사고 싶다.)
7. Quiero comprar un helado.
   (나는 아이스크림 하나를 사고 싶다.)
8. Quiero comprar un coche.
   (나는 차 하나를 사고 싶다.)

Página 116

1. Son las cuatro y cuarto. (4시 15분이다.)
2. (La película empieza) a las nueve y veinticinco. (영화는 9시 25분에 시작한다.)
3. (La clase empieza) a las siete.
   (수업은 7시에 시작한다.)
4. (El partido de fútbol empieza) a las ocho y media. (축구 경기는 8시 반에 시작한다.)
5. (La carrera de caballos empieza) a las cinco. (경마는 5시에 시작한다.)
6. (La obra de teatro empieza) a las once.
   (연극은 11시에 시작한다.)
7. (El programa de televisión empieza) a las dos. (TV프로그램은 2시에 시작한다.)
8. (La corrida de toros empieza) a las seis y cuarto. (투우는 6시 15분에 시작한다.)
9. (El concierto empieza) a las diez y veinte. (콘서트는 10시 20분에 시작한다.)
10. (La carrera de coches empieza) a las doce y diez.
    (자동차 경주는 12시 10분에 시작한다.)

8과

Página 126

I.

1. Nosotros escribimos muchas cartas.
   (우리는 많은 편지를 쓴다.)
2. Ellos escriben muchas cartas.
   (그들은 많은 편지를 쓴다.)
3. María escribe muchas cartas.
   (마리아는 많은 편지를 쓴다.)
4. Uds. escriben muchas cartas.
   (당신들은 많은 편지를 쓴다.)
5. José escribe muchas cartas.
   (호세는 많은 편지를 쓴다.)
6. Ud. escribe muchas cartas.
   (당신은 많은 편지를 쓴다.)
7. Carmen escribe muchas cartas.
   (까르멘은 많은 편지를 쓴다.)
8. Pedro escribe muchas cartas.
   (뻬드로는 많은 편지를 쓴다.)

II.

1. No, no vive en Francia.
   (아니오, (그녀는) 프랑스에 살지 않습니다.)
2. No, no vivimos en Inglaterra.
   (아니오, 우리들은 영국에 살지 않습니다.)
3. No, no vivimos en Italia.
   (아니오, 우리들은 이탈리아에 살지 않습니다.)
4. No, no vivimos en América.
   (아니오, 우리들은 아메리카에 살지 않습니다.)
5. No, no vivo en Alemania.
   (아니오, 나는 독일에 살지 않습니다.)
6. No, no vivo en España.
   (아니오, 나는 스페인에 살지 않습니다.)
7. No, no vivo en Rusia.
   (아니오, 나는 러시아에 살지 않습니다.)
8. No, no vive en Holanda.
   (아니오, (그는) 네덜란드에 살지 않습니다.)

Página 129

1. Yo vivo en un apartamento.

(나는 아파트에 산다.)

2. Mi hermano trabaja en un hotel.
   (내 동생은 호텔에서 일한다.)

3. Isabel vive en el campo.
   (이사벨은 시골에서 산다.)

4. Sus amigos viven en la ciudad.
   (그의 친구들은 도시에 산다.)

5. José lee un libro. (호세는 책을 읽는다.)

6. Mi padre lee un periódico.
   (나의 아버지는 신문을 읽으신다.)

7. Ud. recibe una carta.
   (당신은 편지를 받는다.)

8. Su amiga recibe un postal.
   (당신 여자 친구는 엽서를 받는다.)

9. Uds. visitan a un museo.
   (여러분들은 박물관을 방문한다.)

10. Mis hijos entran a un zoológico.
    (나의 자녀들은 동물원에 들어간다.)

Página 130

I.

1. Mis maletas son grandes.
   (나의 가방들은 크다.)

2. Tus hermanos son simpáticos.
   (너의 형제들은 상냥하다.)

3. Sus amigas son españolas.
   (그의 여자 친구들은 스페인 사람이다.)

4. Tus amigos son muy amables.
   (너의 친구들은 매우 친절하다.)

5. Sus cartas son muy largas.
   (그의 편지는 매우 길다.)

6. Mis diccionarios son grandes.
   (나의 사전들은 크다.)

7. Sus discos son nuevos.
   (그의 디스크들은 새 것이다.)

8. Tus profesores son delgados.
   (너의 교수들은 늘씬하다.)

II.

1. Sus sombreros son modernos.
   (그녀(마르가리따)의 모자들은 현대적이다.)

2. Sus libros son viejos.
   (그(안또니오)의 책들은 낡았다.)

3. Mis amigos son simpáticos.
   (나의 친구들은 상냥하다.)

4. Tus camisas son nuevos.
   (너의 Y셔츠들은 새 것이다.)

5. Mi habitación es agradable.
   (나의 방은 쾌적하다.)

6. Su profesor es alto.
   (그(루이스)의 교수님은 (키가) 크다.)

7. Mi mantel es ancho. (나의 식탁보는 넓다.)

8. Su casa es grande.
   (그녀(마리아)의 집은 크다.)

9과

Página 138

1. ¿A qué hora sale el tren?
   (기차가 몇 시에 떠납니까?)
   -El tren sale a las 10:15.
   (기차는 10시 15분에 떠납니다.)
   ¿A qué hora llega? (몇 시에 도착합니까?)
   -Llega a las 8:00. (8시에 도착합니다.)

2. ¿A qué hora sale el autobús?
   (버스가 몇 시에 떠납니까?)
   -El autobús sale a las 11:10.
   (버스는 11시 10분에 떠납니다.)
   ¿A qué hora llega? (몇 시에 도착합니까?)
   -Llega a las 5:30. (5시 30분에 도착합니다.)

3. ¿A qué hora sale el avión?
   (비행기가 몇 시에 떠납니까?)
   -El avión sale a las 10:20.
   (비행기는 10시 20분에 떠납니다.)
   ¿A qué hora llega? (몇 시에 도착합니까?)
   -Llega a las 3:10. (3시 10분에 도착합니다.)

4. ¿A qué hora sale el cartero?
   (집배원은 몇 시에 출발합니까?)
   -El cartero sale a las 10:05.
   (집배원은 10시 5분에 출발합니다.)
   ¿A qué hora llega? (몇 시에 도착합니까?)

-Llega a las 3:10. (3시 10분에 도착합니다.)

5. ¿A qué hora sale el médico?
(의사는 몇 시에 출발합니까?)

-El médico sale a las 8:45.
(의사는 8시 45분에 출발합니다.)

¿A qué hora llega? (몇 시에 도착합니까?)
-Llega a las 9:45. (9시 45분에 도착합니다.)

6. ¿A qué hora sale la enfermera?
(간호사는 몇 시에 출발합니까?)

-La enfermera sale a las 12:35.
(간호사는 12시 35분에 출발합니다.)

¿A qué hora llega? (몇 시에 도착합니까?)
-Llega a las 1:15. (1시 15분에 도착합니다.)

7. ¿A qué hora sale la secretaria?
(비서는 몇 시에 출발합니까?)

-La secretaria sale a las 4:45.
(4시 45분에 출발합니다.)

¿A qué hora llega? (몇 시에 도착합니까?)
-Llega a las 2:22. (2시 22분에 도착합니다.)

8. ¿A qué hora sale la señora?
(부인은 몇 시에 출발합니까?)

-La señora sale a las 5:50.
(5시 50분에 출발합니다.)

¿A qué hora llega? ((몇 시에 도착합니까?)
-Llega a las 6:40. (6시 40분에 도착합니다.)

9. ¿A qué hora sale la profesora?
(여교수님은 몇 시에 출발합니까?)

-La profesora sale a las 3:25.
(3시 25분에 출발합니다.)

¿A qué hora llega? (몇 시에 도착합니까?)
-Llega a las 11:03. (11시 3분에 도착합니다.)

10. ¿A qué hora sale María?
(마리아는 몇 시에 출발합니까?)

-María sale a las 6:25.
(6시 25분에 출발합니다.)

¿A qué hora llega? (몇 시에 도착합니까?)
-Llega a las 11:20. (11시 20분에 도착합니다.)

Página 140

1. Él sale de casa a las 8:00.
(그(산체스)는 8시에 집에서 나간다.)
2. Él llega a la oficina a las 9:00.

(그(산체스)는 9시에 사무실에 도착한다.)

3. Él almuerza a la 1:30.
(그(산체스)는 1시 30분에 점심을 먹는다.)

4. Él vuelve a la oficina a las 3:00.
(그(산체스)는 3시에 사무실에 돌아온다.)

5. Él sale de la oficina a las 7:00.
(그(산체스)는 7시에 사무실에서 나간다.)

6. Él coge el autobús a las 7:15.
(그(산체스)는 7시 15분에 버스를 탄다.)

7. Él llega a su casa a las 8:10.
(그(산체스)는 8시 10분에 자기 집에 도착한다.)

8. Él lee el periódico a las 9:00.
(그(산체스)는 9시에 신문을 읽는다.)

9. Él cena a las 9:30.
(그(산체스)는 9시 30분에 저녁 식사를 한다.)

10. Él ve la televisión a eso de las 10:00.
(그(산체스)는 10시 경에 TV를 본다.)

Página 142

I.

1. Es para él. (그를 위한 것이다.)
2. Es para ti. (너를 위한 것이다.)
3. Son para ella. (그녀를 위한 것들이다.)
4. Es para nosotros. (우리들은 위한 것이다.)
5. Es para vosotros. (너희들을 위한 것이다.)
6. Es para Ud. (당신을 위한 것이다.)
7. Es para Antonio. (안또니오를 위한 것이다.)
8. Es para Ángel. (앙헬을 위한 것이다.)

II.

1. ¿Para quién es esta bicicleta?
(이 자전거는 누구를 위한 것인가요?)
2. ¿Para quién es este coche?
(이 차는 누구를 위한 것인가요?)
3. ¿Para quién son estas flores?
(이 꽃들은 누구를 위한 것인가요?)
4. ¿Para quién es esta carta?
(이 편지는 누구를 위한 것인가요?)
5. ¿Para quién es este diccionario?
(이 사전은 누구를 위한 것인가요?)
6. ¿Para quién es este helado?

(이 아이스크림은 누구를 위한 것인가요?)

7. ¿Para quién es este bocadillo?
   (이 샌드위치는 누구를 위한 것인가요?)

8. ¿Para quién es este periódico?
   (이 신문은 누구를 위한 것인가요?)

10과

Página 153

I.

1. Es de Isable. ((이 가방은) 이사벨의 것이다.)

2. Son de los niños.
   ((이 펜들은) 아이들의 것이다.)

3. Es de mi hermano.
   ((이 집은) 내 동생의 것이다.)

4. Es de nuestros amigos.
   ((이 차는) 우리 친구들의 것이다.)

5. Son de nuestras amigas.
   ((저 디스크들은) 우리 여자 친구들의 것이다.)

6. Es de su tío.
   ((이 사무실은) 그의 삼촌의 것이다.)

7. Es de vuestro padre.
   ((저 신문은) 너희 아버지 것이다.)

8. Es de tu hermano.
   ((이 Y셔츠는) 너의 동생의 것이다.)

II.

1. Sí, son sus plumas.
   (예, 그들(아이들)의 펜입니다.)

2. Sí, es su coche.
   (예, 그 분들(너의 부모님들)의 차입니다.)

3. Sí, son sus maletas.
   (예, 그녀들(아가씨들)의 가방입니다.)

4. Sí, son sus cuadros.
   (예, 그들(우리친구들)의 그림입니다.)

5. Sí, son vuestros diccionarios.
   (예, 너희들의 사전이다.)

6. Sí, son nuestros coches.
   (예, 우리의 차들입니다.)

7. Sí, son sus camisas.
   (예, 그들(루이스와 안또니오)의 Y셔츠입니다.)

8. Sí, son sus faldas.
   (예, 그녀(마리아)의 스커트입니다.)

Página 155

1. Mi cartera es nueva, pero la tuya es
   vieja.
   (나의 서류철(가방)은 새 것이지만, 네 것은 낡았다.)

2. Nuestros sombreros son buenos, pero
   los vuestros son malos.
   (우리들의 모자는 좋지만, 너희들의 것은 나쁘다.)

3. Tus camisas están limpias, pero las
   mías están sucias.
   (너의 Y셔프들은 깨끗하지만, 나의 것들은 더럽다.)

4. Nuestro coche es alemán, pero el suyo
   es español.
   (우리의 차는 독일제이지만, 당신의 것은 스페인제
   이다.)

5. Mi lección es fácil, pero la tuya es
   difícil. (나의 학과는 쉽지만, 네 것은 어렵다.)

6. Mis maletas eatán abiertas, pero las
   tuyas están cerradas.
   (나의 가방들은 열려져있지만, 네 것들은 닫혀져있다.)

7. Vuestra casa es alta, pero la nuestra es
   baja. (너희들의 집은 높지만, 우리의 것은 낮다.)

8. Tu cocina es grande, pero la mía es
   pequeña. (너의 부엌은 크지만, 우리 것은 작다.)

Página 156

1. La mía también es alta.
   (나의 것 (내 집) 역시 높다.)

2. Los vuestros también son simpáticos.
   (너희들의 (이웃도) 역시 친절하다.)

3. Las mías también son interesantes.
   (나의 것들 (편지들) 역시 재미있다.)

4. El nuestro también es bonito.
   (우리의 것 (정원) 역시 아름답다.)

5. Las mías también son pesadas.
   (나의 것들 (가방) 역시 무겁다.)

6. Las nuestras también están limpias.
(우리의 것 (거리) 역시 깨끗하다.)

7. Los tuyos también son nuevos.
(너의 것들 (책) 역시 새 것이다.)

8. El mío también fuma mucho.
(나의 아들 역시 담배를 많이 핀다.)

9. El mío también es muy elegante.
(나의 것 (모자) 역시 우아하다.)

10. Las tuyas también están sucias.
(너의 손들 역시 더럽다.)

Página 157

I.

1. Sí, son nuestras. (예, 우리들의 것입니다.)
2. Sí, es suya. (예, 그(환)의 것입니다.)
3. Sí, son suyos.
(예, 그들(로뻬스 부부)의 것입니다.)
4. Sí, son mías. (예, 나의 것들입니다.)
5. Sí, es suya. (예, 그들(아이들)의 것입니다.)
6. Sí, es mío. (예, 나의 것입니다.)
7. Sí, son suyas. (예, 비서들의 것들입니다.)
8. Sí, son suyos. (예, 그(환)의 것들입니다.)

II.

1. ¿De quién es el tocadiscos?
(전축은 누구의 것입니까?)
2. ¿De quién es la casa?
(그 집은 누구의 집입니까?)
3. ¿De quién son los pasaportes?
(여권들은 누구의 것입니까?)
4. ¿De quién son las maletas?
(가방들은 누구의 것입니까?)
5. ¿De quién es el sombrero?
(모자는 누구의 것입니까?)
6. ¿De quién es el restaurante?
(식당은 누구의 것입니까?)
7. ¿De quién son los cuadros?
(그림들은 누구의 것입니까?)
8. ¿De quién son los billetes?
(표들은 누구의 것입니까?)

11과

Página 168

I.

1. Lo compro. ((나는) 그것을 (모자를) 산다.)
2. Lo escuchamos.
((우리들은) 그것을 (라디오를) 듣는다.)
3. Lo leen. ((그들은) 그것을 (신문을) 읽는다.)
4. La abro. ((나는) 그것을 (창문을) 연다.)
5. Lo hacemos.
((우리는) 그것을 (연습 문제를) 한다.)
6. La escribo. ((나는) 그것을 (소설을) 쓴다.)
7. Lo compro. ((나는) 그것을 (지갑을) 산다.)
8. Lo vemos. (우리는 그것을 (비행기를) 본다.)

II.

1. ¿Cómo quieres / Las quiero azules.
(/ 푸른 것들(넥타이들)을 원한다.)
2. ¿Cómo quieres / Los quiero negros.
(/ 검은 것들(모자들)을 원한다.)
3. ¿Cómo quieres / Las quiero bajas.
(/ 낮은 것들(의자들)을 원한다.)
4. ¿Cómo quieres / Las quiero amarillas.
(/ 노란 것들(꽃들)을 원한다.)
5. ¿Cómo quieres / Las quiero azules.
(/ 푸른 것들(스커트들)을 원한다.)
6. ¿Cómo quieres / Los quiero nuevos.
(/ 새로운 것들(책들)을 원한다.)
7. ¿Cómo quieres / Las quiero blancas.
(/ 하얀 것들(창문들)을 원한다.)
8. ¿Cómo quieres / Las quiero rojas.
(/ 빨간 것들(가방들)을 원한다.)

Página 170

I.

1. Mis zapatos son marrones.
(나의 신발은 밤색이다.)
2. Mi traje es negro. (내 옷은 검정색이다.)
3. Nuestros abrigos son azules.

(우리의 외투들은 푸른색이다.)

4. Su sombrero es marrón.
   (그(안또니오)의 모자는 밤색이다.)

5. Sus pantalones son grises.
   (그(호세)의 바지는 회색이다.)

6. Vuestro coche es azul.
   (너희들의 차는 푸른색이다.)

7. Nuestra casa es blanca.
   (우리 집은 하얀색이다.)

8. Mis calcetines son verdes.
   (우리 양말들은 녹색이다.)

II.

1. ¿De qué color son tus pantalones?
   (네 바지는 무슨 색이니?)

2. ¿De qué color es su traje?
   (당신의 옷은 무슨 색입니까?)

3. ¿De qué color son tus medias?
   (네 스타킹들은 무슨 색이니?)

4. ¿De qué color es vuestra casa?
   (너희들의 집은 무슨 색이니?)

5. ¿De qué color son tus zapatos?
   (네 신발들은 무슨 색이니?)

6. ¿De qué color es su abrigo?
   (당신의 외투는 무슨 색입니까?)

7. ¿De qué color son vuestros vestidos?
   (너희들의 옷은 무슨 색이니?)

8. ¿De qué color es nuestro coche?
   (우리 차는 무슨 색입니까?)

Página 172

I

1. Quiero comprar un bolso.
   (나는 지갑을 사고 싶다.)

2. Quiero comprar una guitarra.
   (나는 기타를 사고 싶다.)

3. Quiero comprar un libro.
   (나는 책을 사고 싶다.)

4. Quiero comprar una camisa.
   (나는 Y셔츠를 사고 싶다.)

5. Quiero comprar un tocadiscos.
   (나는 전축을 사고 싶다.)

6. Quiero comprar un televisor.
   (나는 TV세트를 사고 싶다.)

7. Quiero comprar una bicicleta.
   (나는 자전거를 사고 싶다.)

8. Quiero comprar un coche.
   (나는 자동차를 사고 싶다.)

II.

1. Los míos también son grises.
   (내 것(반지)도 역시 회색이다.)

2. Los tuyos también son marrones.
   (네 것(신발)도 역시 밤색이다.)

3. Las nuestras también son verdes.
   (우리 것(가방)도 녹색이다.)

4. El suyo también es azul.
   (당신의 것(모자)도 역시 푸른색이다.)

5. La vuestra también es blanca.
   (너희들의 것(집) 역시 빨간색이다.)

6. El tuyo también es rubio.
   (너의 것(머리카락) 역시 금발이다.)

7. Los suyos también son castaños.
   (당신의 것(눈동자) 역시 갈색이다.)

12과

Página 180

I.

1. Vamos a la playa. ((우리는) 해변에 간다.)

2. Va a Madrid. (그녀(루이사)는 마드리드에 간다.)

3. Van a la escuela.
   (그들(아이들)은 학교에 간다.)

4. Van al hospital.
   (그녀들(간호사들)은 병원에 간다.)

5. Voy a la oficina. (나는 사무실에 간다.)

6. Voy al cine. (나는 영화관에 간다.)

7. Va al teatro. (그(호세)는 극장에 간다.)

8. Vamos a casa. (우리들은 집에 간다.)

II.

1. Viene de la playa. (해변에서 온다.)
2. Viene de Madrid. (마드리드에서 온다.)
3. Viene de la escuela. (학교에서 온다.)
4. Viene del hospital. (병원에서 온다.)
5. Viene de la oficina. (사무실에서 온다.)
6. Viene del cine. (영화관에서 온다.)
7. Viene del jardín. (정원에서 온다.)
8. Viene de la peluquería. (이발소에서 온다.)

Página 182

I.

1. ¿Dónde es húmedo siempre?
   (항상 어디가 습합니까?)
2. ¿Dónde nieva a veces?
   (가끔 어디서 눈이 옵니까?)
3. ¿Dónde hace mucho viento a veces?
   (가끔 어디서 바람이 많이 붑니까?)
4. ¿Dónde hace mucho calor siempre?
   (항상 어디가 무척 덥습니까?)
5. ¿Dónde nunca nieva (o no nieva nunca)
   en las costas?
   (해안에서는 결코 눈이 오지 않습니까?)
6. ¿Dónde llueve de vez en cuando?
   (가끔 어디서 비가 옵니까?)
7. ¿Dónde nieva con frecuencia?
   (자주 어디서 눈이 옵니까?)
8. ¿Dónde son bajas las temperaturas?
   (온도들은 어디가 낮습니까?)

II.

1. Hago los deberes todos los días.
   ((나는) 날마다 숙제를 합니다.)
2. Vamos al teatro a menudo.
   ((우리는) 자주 극장에 갑니다.)
3. No fumo nunca. / Nunca fumo.
   ((난) 결코 담배를 피우지 않습니다.)
4. Leo el periódico siempre.
   ((나는) 항상 신문을 읽습니다.)
5. Voy a la playa con frecuencia.
   ((나는) 자주 해변에 갑니다.)

6. Voy al campo a veces.
   ((나는) 가끔 시골에 갑니다.)
7. No veo la televisión nunca.
   ((나는) 결코 TV를 보지 않습니다.)
8. Nieva aquí de vez en cuando.
   (이곳은 가끔 눈이 옵니다.)

Página 183

2. En invierno nieva a menudo.
   (겨울에는 자주 눈이 옵니다.)
3. En verano hace mucho sol siempre.
   (여름에는 항상 해가 빛난다.)
4. En invierno hace mucho frío.
   (겨울에는 무척 춥다.)
5. En otoño hace viento a veces.
   (가을에는 가끔 바람이 분다.)
6. En invierno las temperaturas son bajas.
   (겨울에는 온도들이 낮다.)
7. En verano las temperaturas son altas.
   (여름에는 온도들이 높다.)
8. En la costa siempre hace buen tiempo.
   (해안에서는 항상 날씨가 좋다.)
9. En invierno está nublado a veces.
   (겨울에는 가끔 안개가 낀다.)
10. En la primavera está despejado.
    (봄에는 항상 날씨가 쾌청하다.)

Página 185

I.

1. Voy al restaurante a mediodía.
   ((나는) 정오에 식당에 간다.)
2. Tomamos café por la tarde.
   ((우리는) 오후에 커피를 마신다.)
3. Vuelvo a casa al atardecer.
   ((나는) 해가 질 무렵 집에 돌아간다.)
4. Veo el periódico a mediodía.
   ((나는) 정오에 신문을 본다.)
5. Veo la televisión por la noche.
   ((나는) 밤에 TV를 본다.)
6. Veo a mis amigos por la tarde.
   ((나는) 오후에 나의 친구들을 본다.)

7. Salgo de casa por la mañana.
((나는) 오전에 집에서 나온다.)

8. Vuelvo a casa por las noche.
((나는) 밤에 집에 돌아간다.)

II.

1. ¿Va Ud. al restaurante a mediodía?
(정오에 당신은 식당에 가십니까?)

2. ¿Toman café por la tarde?
(여러분은 오후에 커피를 마십니까?)

3. ¿Regresa Ud. a casa al atardecer?
(당신은 해가 질 무렵 집에 돌아갑니까?)

4. ¿Lee Ud. el periódico por la mañana?
(당신은 오전에 신문을 읽습니까?)

5. ¿Va Ud. al cine por la noche?
(당신은 밤에 영화관에 가십니까?)

6. ¿Hace Ud. la comida a mediodía?
(당신은 정오에 (식사) 점심을 만듭니까? (준비합니까?))

7. ¿Va Ud. a la cama a medianoche?
(당신은 자정에 잠자리(침대)에 듭니까?)

8. ¿Toma Ud. café por la tarde?
(당신은 오후에 커피를 드십니까?)

13과

Página 193

I.

1. Yo voy a comprar un disco.
(나는 레코드를 살려고 합니다.)

2. Nosotros vamos a tomar vino.
(우리들은 포도주를 마시고자 합니다.)

3. Nosotros vamos a visitar el museo.
(우리들은 박물관을 방문하고자 합니다.)

4. Nosotros vamos a estudiar la lección.
(우리들은 학과를 공부하려고 합니다.)

5. Nosotros vamos a comprar un coche.
(우리들은 자동차를 사려고 합니다.)

6. Yo voy a ver una película.
(나는 영화를 보려고 합니다.)

7. Vosotros vais a comer pollo.
(너희들은 닭고기를 먹을 것이다.)

8. Yo voy a pintar la casa.
(나는 집을 페인트 칠 하고자 한다.)

II.

1. ¿Van a nadar María y Carlos?
(마리아와 까를로스는 수영을 할 것인가요?)

2. ¿Vamos a celebrar una fiesta?
(우리는 파티를 개최할건가요?)

3. ¿Va a hacer la cena Isabel?
(이사벨이 저녁 식사를 준비할까요?)

4. Vais a la escuela? (너희들은 학교에 가니?)

5. Vas a trabajar? (너는 일 할 거니?)

6. ¿Va José a visitar a unos amigos?
(호세는 친구들을 방문할까요?)

7. ¿Van a ordenar el apartamento Uds.?
(여러분은 아파트를 정돈 하실 것인가요?)

8. ¿Va María a visitar a su amiga?
(마리아는 그의 친구를 방문할까요?)

Página 195

I.

1. ¿A quién van a ver?
(여러분은 누구를 보실 겁니까?)

2. ¿Qué vas a pintar?
(넌 무엇을 칠 할 거니?)

3. ¿A quién vas a escribir?
(넌 누구에게 (편지를) 쓸거니?)

4. ¿Qué vamos a escribir?
(우리는 무엇을 씁니까?)

5. ¿A quién vais a saludar?
(너희들은 누구에게 인사를 할 거니?)

6. ¿Qué vas a ver?
(넌 무엇을 보려하니?)

7. ¿Qué va a visitar José?
(호세는 무엇을 방문하려 합니까?)

8. ¿Qué va a comprar Isabel?
(이사벨은 무엇을 사려합니까?)

II.

1. ¿Quién visita el museo?
   (누가 박물관을 방문합니까?)
2. ¿A quién saluda Carmen?
   (까르멘은 누구에게 인사를 합니까?)
3. ¿Quién ve una película?
   (누가 영화를 봅니까?)
4. ¿A quién ve Antonio?
   (안또니오는 누구를 봅니까?)
5. ¿Quién espera el autobús?
   (누가 버스를 기다립니까?)
6. ¿A quién espera Miguel?
   (미구엘은 누구를 기다립니까?)
7. ¿Quién escucha la radio?
   (누가 라디오를 듣습니까?)
8. ¿A quién escuchan los estudiantes?
   (학생들은 누구의 말을 듣습니까?)

Página 196

1. Voy a visitarlas.
   (나는 그녀들(까르멘과 마리아)을 방문할 것이다.)
2. Voy a verlo. (나는 그(까를로스)를 볼 것이다.)
3. Antonio va a esperarla.
   (안또니오는 그녀(마르따)를 기다릴 것이다.)
4. Voy a escucharlo.
   (나는 그(미구엘)의 말을 들을 것이다.)
5. Vamos a verlos.
   (우리들은 그들(아이들)을 볼 것이다.)
6. Vamos a despedirlos.
   (우리들은 그들(호세와 까를로스)를 배웅하려 한다.)
7. José va a recibirlos.
   (호세는 그들(그의 친구들)을 맞이하려 한다.)
8. Van a saludarlo.
   (그들은 그(교수님)에게 인사를 하려한다.)

Página 198

I.

1. ¿Cuántos años tiene José?
   (호세는 몇 살입니까?)
   -Tiene 25. Va a cumplir 26.
   (그는 25세이고, 26번째 기념을 할 것이다.)
2. ¿Cuántos años tiene Ud.?
   (당신은 몇 살입니까?)
   -Tengo 30. Voy a cumplir 31.
   (난 30이고, 31번째 기념을 할 것이다.)
3. ¿Cuántos años tiene María?
   (마리아는 몇 살입니까?)
   -Tiene 21. Va a cumplir 22.
   (그녀는 21세이고, 22번째 기념을 할 것이다.)
4. ¿Cuántos años tiene tu madre?
   (네 어머니는 몇 살이니?)
   -Tiene 42. Va a cumplir 43.
   (그녀는 42세이고, 43번째 기념을 할 것이다.)
5. ¿Cuántos años tiene tu prima?
   (네 사촌은 몇 살이니?)
   -Tiene 22. Va a cumplir 23.
   (그녀는 22세이고, 23번째 기념을 할 것이다.)
6. ¿Cuántos años tiene tu tío?
   (네 삼촌은 몇 살이니?)
   -Tiene 34. Va a cumplir 35.
   (그는 34세이고, 35번째 기념을 할 것이다.)
7. ¿Cuántos años tiene tu hermano?
   (네 동생은 몇 살이니?)
   -Tiene 19. Va a cumplir 20.
   (그는 19세이고, 20번째 기념을 할 것이다.)
8. ¿Cuántos años tiene tu abuelo?
   (네 할아버지는 몇 살이니?)
   -Tiene 82. Va a cumplir 83.
   (그는 82세이고, 83번째 기념을 할 것이다.)

II.

1. ¿Cuántos años va a cumplir tu herma-na? (네 동생은 몇 번째 생일을 기념할 것이니?)
2. ¿Cuántos años va a cumplir tu madre?
   (네 어머니는 몇 번째 생일을 기념할 것이니?)
3. ¿Cuántos años va a cumplir tu padre?
   (네 아버지는 몇 번째 생일을 기념할 것이니?)
4. ¿Cuántos años va a cumplir tu abuelo?
   (네 할아버지는 몇 번째 생일을 기념할 것이니?)
5. ¿Cuántos años va a cumplir tu primo?
   (네 사촌은 몇 번째 생일을 기념할 것이니?)
6. ¿Cuántos años va a cumplir tu tío?
   (네 삼촌은 몇 번째 생일을 기념할 것이니?)
7. ¿Cuántos años va a cumplir tu tía?

(네 숙모는 몇 번째 생일을 기념할 것이니?)

8. ¿Cuántos años va a cumplir tu abuela?
(네 할머니는 몇 번째 생일을 기념할 것이니?)

14과

Página 206

1. Toma una cerveza. (맥주 한 잔 마셔.)
2. Tome un vaso de vino.
(포도주 한 잔 드세요.)
3. Tomen un té. (여러분, 차 한 잔 드십시오.)
4. Tomen un helado.
(여러분, 아이스크림 드십시오.)
5. Toma un bocadillo. (샌드위치 먹어.)
6. Tomen la leche. (여러분, 우유 드세요.)
7. Tome un jerez. (백포도주 한 잔 하세요.)
8. Tomen un vaso de agua.
(여러분, 물 한 잔 드세요.)

Página 208

1. Piensa en mañana. (내일을 생각하라.)
2. Vuelvan esta noche.
(여러분, 오늘 밤 돌아오세요.)
3. Pide más cerveza. (맥주를 더 주문해.)
4. Recuerda la lección. (그 학과를 기억해.)
5. Cierra las maletas. (가방을 닫아라.)
6. Pidan más regalos. (선물들을 더 요구하세요.)
7. Duerman por la tarde. (오후에 주무세요.)
8. Cuelga este cuadro. (이 그림을 걸어(라.))

Página 209

1. No cierren los libros. (책들을 덮지 마세요.)
2. No cuente Ud. las monedas.
(동전을 헤아리지 마세요.)
3. No desates el zapato. (구두(끈)을 풀지 마라.)

4. No vuelvas en tren. (기차로 오지마라.)
5. No penses en tus hijos.
(네 자식들을 색각하지 마라.)
6. No recuerde Ud. aquel día.
(그날을 기억하지 마시오.)
7. No pida una ensalada.
(샐러드를 요구하지 마시오.)
8. No cuelgue Ud. este cuadro.
(이 그림을 걸지 마시오.)

Página 210
I.

1. No la abras. (그것(문)을 열지마라.)
2. No lo cojas. (그것(책)에 손 데지 마라.)
3. No la pagues. (그것(청구서)를 지불하지마라.)
4. No las compres. (그것들(기타)을 사지마라.)
5. No los corrijas. (그것들(문제들)을 채점하지 마라.)
6. No las mires. (그것들(사진들)을 보지마라.)
7. No los leas. (그것들(신문들)을 읽지 마라.)
8. No la cruces. (그것(거리)을 건너지 마라.)

Página 211
II.

1. No la lean. (그것(학과)을 읽지 마시오.)
2. No la cruce. (그것(거리)을 건너지 마시오.)
3. No la pinten. (그것(방)을 페인트 칠 하지 마시오.)
4. No la tome. (그것(맥주)을 마시지 마시오.)
5. No los abran. (그것들(책들)을 펴지 마시오.)
6. No lo mire. (그것(그림)을 부지 마시오.)
7. No las cuente.
(그것들(동전들)을 헤아리지 마시오.)
8. No lo desates. (그것(소포 꾸러미)을 풀지 마라.)

15과

Página 220

I.

1. Me gusta el teatro. (나는 극장을 좋아한다.)
2. Nos gusta la música. (우리는 음악을 좋아한다.)
3. Me gusta el verano. (나는 여름을 좋아한다.)
4. Le gusta la playa. (당신은 해변을 좋아한다.)
5. Me gusta la montaña. (나는 산을 좋아한다.)
6. Nos gusta el fútbol. (우리는 축구를 좋아한다.)
7. Nos gusta el campo. (우리는 시골을 좋아한다.)
8. Nos gusta la ciudad. (우리는 도시를 좋아한다.)

II.

1. Me gustan los teatros. (나는 극장을 좋아한다.)
2. Nos gustan las músicas.
   (우리는 음악을 좋아한다.)
3. Me gustan los veranos.
   (나는 여름을 좋아한다.)
4. Le gustan las playas. (당신은 해변을 좋아한다.)
5. Me gustan las montañas.
   (나는 산을 좋아한다.)
6. Nos gustan los fútboles.
   (우리는 축구를 좋아한다.)
7. Nos gustan los campos.
   (우리는 시골을 좋아한다.)
8. Nos gustan las ciudades.
   (우리는 도시를 좋아한다.)

III.

1. Me gustan los caballos.
   (나는 말들을 좋아한다.)
2. Me gustan los gatos.
   (나는 고양이들을 좋아한다.)
3. Me gustan las novelas.
   (나는 소설들을 좋아한다.)
4. Me gustan las guitarras.
   (나는 기타들을 좋아한다.)
5. Me gustan los pasteles.
   (나는 케익들을 좋아한다.)
6. Me gustan los niños. (나는 아이들을 좋아한다.)

7. Me gustan los libros. (나는 책들을 좋아한다.)
8. Me gustan los discos.
   (나는 레코드들을 좋아한다.)

Página 222

I.

1. Regálale una pluma.
   (그녀(마리아)에게 펜을 선물하라.)
2. Véndeme un diccionario.
   (나에게 서전을 파세요.)
3. Recomiéndame una novela.
   (나에게 소설을 추천해줘.)
4. Préstale un lápiz. (그에게 연필을 빌려주어라.)
5. Cómprale una guitarra.
   (그(안또니오)에게 기타를 사줘라.)
6. Dame un cigarrillo.
   (나에게 담배 한 개비를 주라.)
7. Escríbele una carta.
   (그(호세)에게 편지를 써라.)
8. Pídele un café. (그에게 커피를 주문해라.)

II.

1. Regálales una bicicleta.
   (그들(아이들)에게 자전거를 선물해라.)
2. Cómprales las plumas.
   (그녀들(비서들)에게 팬들을 사줘라.)
3. Véndenos un tocadiscos.
   (우리에게 레코드들을 팔아라.)
4. Regálales flores.
   (그녀들에게 꽃들을 선물해라.)
5. Recomiéndanos una novela.
   (우리에게 소설을 추천해줘.)
6. Préstales una mesa.
   (그들에게 테이블을 빌려줘라.)
7. Escríbeles cartas. (그들에게 편지를 써라.)
8. Danos una llave. (우리에게 열쇠를 주라.)

Página 224

1. No pongas el vaso sobre la mesa.
   (테이블 위에 컵을 놓지 마라.)

2. No hagas los deberes. (숙제를 하지마라.)

3. No salgas de la clase.
   (교실에서 나가지 마라.)

4. No tengas paciencia. (참지 마라.)

5. No seas amable. (친절하지 마라.)

6. No digas quién eres.
   (네가 누구인지 말하지 마라.)

7. No vengas a casa. (집에 오지마라.)

Página 225

1. Pon el libro sobre la mesa.
   (테이블 위에 책을 놔라.)

2. Ven a pintar la habitación.
   (방을 페인트 칠 하러 와라.)

3. Dame un libro. (나에게 책을 주라.)

4. Haz la comida. (식사를 준비해라.)

5. Sal a la calle. (거리로 나가라.)

6. Di la verdad. (진실을 말하라.)

7. Poned la radio. ((너희들) 라디오를 켜라.)

8. Haced los deberes. ((너희들) 숙제를 해라.)

9. Decid que sí. ((너희들) 그렇다고 말해라.)

10. Salid esta tarde.
    ((너희들) 오늘 오후에 나가라.)

16과

Página 234

I.

1. Aquélla es más pequeña.
   (저 곳(집)은 더 작다.)

2. Aquélla es más grande.
   (저 곳(방)은 더 크다.)

3. Aquéllas son más cómodas.
   (저것들(의자들)은 더 편하다.)

4. Aquéllos son más altos.
   (저것들(나무들)은 더 높다.)

5. Aquél es más interesante.

(저것(책)은 더 재미있다.)

6. Aquéllas son más estrechas.
   (저것들(창문들)은 더 좁다.)

7. Aquéllas son más bonitas.
   (저것들(Y셔츠)은 더 예쁘다.)

8. Aquél es más nuevo.
   (저것(승용차)은 더 새 것이다.)

II.

1. Este es menos importante.
   (이것(책)은 덜 중요하다.)

2. Estos son meonos difíciles.
   (이것들(연습문제들)은 덜 어렵다.)

3. Este es menos caro.
   (이것(레코드)은 덜 비싸다.)

4. Estas son menos serias.
   (얘들(여자 아이들)은 덜 성실하다.)

5. Estos son menos modernos.
   (이것들(그림들)은 덜 현대적이다.)

6. Este es menos perezoso.
   (이 사람(학생)은 덜 게으르다.)

7. Este es menos agradable.
   (저 곳(바)은 덜 쾌적하다.)

8. Esta es menos larga. (저것(테이블)은 덜 길다.)

Página 236

I.

1. -Sí, María es inteligente.
   (예, 마리아는 지적입니다.)
   -Carmen es más inteligente que María.
   (까르멘은 마리아보다 더 지적입니다.)

2. -Sí, este libro es interesante.
   (예, 이 책을 재미있습니다.)
   -Aquél es más interesante que éste.
   (저것(책)은 이것(책)보다 더 재미있습니다.)

3. -Sí, este camarero es amable.
   (예, 이 종업원은 친절합니다.)
   -Ese es más amable que éste.
   (그 종업원은 이 종업원보다 더 친절합니다.)

4. -Sí, Miguel es simpático.
   (예, 미구엘은 친절합니다.)
   -Luis es más simpático que Miguel.
   (루이스는 미구엘보다 더 친절합니다.)
5. -Sí, este cuadro es moderno.
   (예, 이 그림은 현대적입니다.)
   -Ese es más moderno que éste.
   (그 그림은 이 그림보다 더 현대적입니다.)

II.

1. Sí, José es inteligente.
   (예, 호세는 지적입니다.)
   -Juan es menos inteligente que José.
   (환은 호세보다 덜 지적입니다.)
2. Sí, esta máquina es complicada.
   (예, 이 기계는 복잡합니다.)
   -Esa es menos complicada que esta.
   (그것은 이것보다 덜 복잡합니다.)
3. Sí, este edificio es moderno.
   (예, 이 건물은 현대적입니다.)
   -Aquél es menos moderno que éste.
   (저 건물은 이 건물보다 덜 현대적입니다.)
4. Sí, aquel escritor es importante.
   (예, 그 작가는 중요한 분이다.)
   -Ese es menos importante que éste
   escritor. (그 작가는 이 작가보다 덜 중요합니다.)
5. Sí, esta calle es ruidosa.
   (예, 이 거리는 시끄럽습니다.)
   -La otra es menos ruidosa que ésta.
   (다른 거리는 이 거리보다 덜 시끄럽습니다.)
6. Sí, María es perezosa.
   (예, 마리아는 게으릅니다.)
   -Luisa es menos perezosa que María.
   (루이사는 마리아보다 덜 게으릅니다.)

Página 237

1. No, tengo el mejor libro. (아니오, 나는 가장
   좋은 책을 가지고 있습니다.)
2. No, soy el mayor de la familia. (아니오, 나
   는 집안에 가장 맏이입니다.)
3. No, María es la menos de las hermanas. (아니오, 마리아는 자매들 중 가장 막내입니다.)

4. No, Antonio es el mejor estudiante.
   (아니오, 안또니오는 가장 좋은 학생입니다.)
5. No, éstos son los mejores cuadros.
   (아니오, 이것들은 가장 좋은 그림들입니다.)
6. No, aquéllas son las peores tiendas.
   (아니오, 저것들은 가장 나쁜 가게입니다.)
7. No, ellas son las mayores del grupo.
   (아니오, 그녀들은 그 그룹 중에 가장 연장자입니다.)
8. No, nosotros somos los menores de la
   familia. (아니오, 우리들은 집안에 막내입니다.)

Página 238

-Tu pelo es tan corto como el mío.
(너의 머리카락은 내 것(머리카락)만큼 그렇게 짧다.)
-Este bolso es tan caro como aquél. (이 지
갑은 저것(지갑)만큼 그렇게 비싸다.)
-Aquél es tan caro como éste. (저것은 이것
만큼 그렇게 비싸다.)
-Este árbol es tan alto como aquél.
(이 나무는 저것(나무)만큼 그렇게 높다.)
-Estas señoritas son tan jóvenes como
éstas. (이 아가씨들은 저 아가씨들만큼 그렇게 젊다.)
6. Aquéllas son tan jóvenes como éstas.
   (쟤들(아가씨)은 얘들만큼 그렇게 젊다.)
   -Luis es tan inteligente como Miguel.
   (루이스는 미구엘만큼 그렇게 지적이다.)
   -Miguel es tan inteligente como Luis.
   (미구엘은 루이스만큼 그렇게 지적이다.)

17과

Página 247

I.

1. María también ha comprado un libro.
   (마리아 역시 책 한 권을 샀다.)
2. José también ha comprado un libro.
   (호세 역시 책 한 권을 샀다.)
3. Nosotros también hemos comprado un

libro. (우리들 역시 책 한 권을 샀다.)

4. Ellas también han comprado un libro.
(그녀들 역시 책 한 권을 샀다.)

5. Yo también he comprado un libro.
(나 역시 책 한 권을 샀다.)

6. Nosotros también hemos comprado un libro. (우리들 역시 책 한 권을 샀다.)

7. Yo también he comprado un libro.
(나 역시 책 한 권을 샀다.)

8. Ellos también han comprado un libro.
(그들 역시 책 한 권을 샀다.)

II.

1. Yo también he leído una revista.
(나 역시 잡지를 읽었다.)

III.

1. Yo también he recibido una carta.
(나 역시 편지를 받았다.)

Página 249

I.

1. No, todavía no he comprado el periódico. (아니오, 나는 아직 신문을 사지 않았다.)

2. No, todavía no hemos leído la novela.
(아니오, 우리들은 아직 소설을 읽지 않았다.)

3. No, todavía no ha recibido mi carta.
(아니오, 아직 (호세는) 편지를 받지 않았다.)

4. No, todavía no ha venido el cartero.
(아니오, 아직 집배원이 오지 않았다.)

5. No, todavía no he alquilado un coche.
(아니오, 나는 아직 차를 임대하지 않았다.)

6. No, todavía no he encontrado piso.
(아니오, 나는 아직 방을 구하지 못했다.)

7. No, todavía no he visitado el museo.
(아니오, 나는 아직 박물관을 방문하지 않았다.)

II.

1. Ya los he comprado.
(이미 나는 그것들(책들)을 샀다.)

2. Ya lo he vendido.

(이미 나는 그것(자동차)을 팔았다.)

3. Ya los he limpiado.
(이미 나는 그것들(유리창)을 깨끗이 했다.)

4. Ya lo he cogido. (이미 나는 그것(택시)을 탔다.)

5. Ya me he ido a la estación.
(이미 나는 역에 갔다.)

6. Ya los he aprendido.
(이미 나는 그것들(동사들)을 배웠다.)

7. Ya la he servido.
(이미 나는 그것(식사)을 제공했다.)

8. Ya lo hemos escuchado.
(이미 우리들은 그것(레코드)을 들었다.)

Página 251

I.

1. ¿Has visto esta película?
(너는 이 영화를 봤니?)

2. ¿Has escrito la carta? (너는 편지를 썼니?)

3. ¿Has puesto un disco?
(너는 레코드를 켰니?)

4. ¿Has abierto la puerta? (너는 문을 열었니?)

5. ¿Has dicho la verdad?
(너는 진실을 말했니?)

6. ¿Has hecho el ejercicio?
(너는 연습문제를 했니?)

7. ¿Has visto el programa de esta noche?
(너는 오늘 밤 프로그램을 봤니?)

8. ¿Has roto esa botella? (네가 이 병을 깼니?)

II.

1. Ya las hemos escrito.
(이미 우리들은 그것들(편지)을 썼다.)

2. Ya las he deshecho.
(이미 나는 그것들(가방들)을 정리했다.)

3. Ya los ha hecho.
(이미 그는 그것들(숙제)을 했다.)

4. Ya la he dicho. (이미 나는 그것(진실)을 말했다.)

5. Ya las has abierto.
(이미 그들은 그것들(문들)을 열었다.)

6. Ya la ha puesto.
(이미 그는 그것(라디오)을 켰다.)

7. Ya lo habéis visto.

(이미 그들은 그것(방)을 봤다.)

8. Ya lo he escrito. (이미 나는 그것(책)을 썼다.)

Página 252

-Sí, los hemos hecho.
(예, 나는 그것들(숙제)을 했다.)

-Sí, las hemos abierto.
(예, 우리들은 그것들(창문들)을 열었다.)

-Sí, la he puesto. (예, 나는 그것(라디오)을 켰다.)

-Sí, la he escrito. (예, 나는 그것(편지)을 썼다.)

-Sí, te la he dicho.
(예, 나는 너에게 그것(진실)을 말했다.)

-Sí, lo hemos roto.
(예, 우리가 그것(유리창)을 깼다.)

-Sí, la he deshecho.
(예, 내가 그것(침대)을 어지럽혔다.)

Página 253

I.

1. Esta no le gusta. Prefiere ésa.
   (그(루이스)는 이 넥타이를 좋아하지 않는다. 그것을 선호한다.)
2. Estas no nos gustan. Preferimos ésas.
   (우리는 이 잡지를 좋아하지 않는다. 그것을 선호한다.)
3. Este no me gusta. Prefiero ése.
   (나는 이 차를 좋아하지 않는다. 그것을 선호한다.)
4. Este no le gusta. Prefiere ése.
   (그녀(마리아)는 이 지갑을 좋아하지 않는다. 그것을 선호한다.)
5. Estas no me gustan. Prefiero ésas.
   (나는 이 꽃들을 좋아하지 않는다. 그것들을 선호한다.
6. Este no nos gusta. Preferimos ése.
   (우리는 이 그림을 좋아하지 않는다. 그것을 선호한다.)
7. Este no me gusta. Prefiero ése.
   (나는 이 레코드를 좋아하지 않는다. 그것을 선호한다.)
8. No me gusta el apartamento. Prefiero el piso. (나는 아파트를 좋아하지 않는다. 연립주택을 선호한다.)

II.

1. Nos parece interesante.
   ((이 영화가)우리에게 흥미로운 것 같다.)
2. Me parece estupendo.
   ((이 책이) 훌륭한 것 같다.)
3. Le parecen malas.
   ((이 잡지들이) 그녀(마리아)에게 나쁜 것 같다.)
4. Me parece moderno.
   ((이 그림은) 현대적인 것 같다.)
5. Nos parecen cómodos.
   ((연립주택이) 우리에게 편한 것 같다.)
6. Me parece ruidosa.
   ((이 거리가) 시끄러운 것 같다.)
7. Me parece pequeña. (방이) 작은 것 같다.)
8. Nos parece bueno. ((포도주가) 좋은 것 같다.)

18과

Página 261

I.

1. Yo volveré a las doce.
   (나는 12에 돌아갈 것이다.)
2. Luisa volverá por la tarde.
   (루이사는 오후에 돌아갈 것이다.)
3. Nosotros volveremos esta noche.
   (우리들은 오늘 밤에 돌아갈 것이다.)
4. Los niños volverán a las siete.
   (아이들은 7시에 돌아갈 것이다.)
5. José volverá el jueves.
   (호세는 목요일에 돌아갈 것이다.)
6. Yo volveré el sábado.
   (나는 토요일에 돌아갈 것이다.)
7. Nosotros volveremos mañana.
   (우리들은 내일 돌아갈 것이다.)
8. Nosotros volveremos al mediodía.
   (우리들은 정오에 돌아갈 것이다.)

II.

1. Nosotros escucharemos la radio.
   (우리들은 라디오를 들을 것이다.)
2. Yo pintaré la ventana.
   (나는 창문을 페인트 칠 할 것이다.)
3. Luis visitará el museo.
   (루이스는 박물관을 방문 할 것이다.)
4. Las secretarias escribirán las cartas.
   (비서들은 편지들을 쓸 것이다.)
5. Yo tomaré una cerveza.
   (나는 맥주를 마실 것이다.)
6. Ellos comprarán libros.
   (그들은 책들을 살 것이다.)
7. Ellas verán una película.
   (그녀들은 영화를 볼 것이다.)
8. Yo colgaré el cuadro. (나는 그림을 걸 것이다.)

Página 263

I.

1. Visitaremos a Pedro.
   ((우리는) 뻬드로를 방문할 것입니다.)
2. Nos quedaremos en casa.
   (우리는 집에 머무를 것입니다.)
3. Os llevaré al cine.
   ((나는) 너희들을 영화관에 데려갈 것입니다.)
4. Isabel dormirá en el campo.
   (이사벨은 시골에서 살 것입니다.)
5. Uds. pagarán la cuenta.
   (당신들은 계산을 지불할 것입니다.)
6. Marta llevará un sombrero verde.
   (마르따는 녹색 모자를 착용할 것입니다.)
7. Repararé el televisor.
   (나는 TV세트를 수선할 것입니다.)
8. Ellos verán la cocina.
   (그들은 부엌을 볼 것입니다.)

II

1. ¿Iréis al cine mañana?
   (너희들은 내일 영화관에 갈 거니?)
2. ¿Te visitará Juan esta tarde?
   (환은 오늘 오후 너를 방문할까?)

3. ¿Invitarás a tus amigos?
   (너는 너희 친구들을 초대할 것이니?)
4. ¿Nadaremos en el río?
   (우리는 강에서 수영할까?)
5. ¿Venderán Uds. esta casa?
   (당신들은 이 집을 팔 것입니까?)
6. ¿Te regalará flores Juan?
   (환은 너에게 꽃들을 선물할까?)
7. ¿Jugarán los niños en el jardín?
   (아이들은 정원에서 놀까?)
8. ¿Me llamarás a las once?
   (너는 나에게 11시에 전화할 것이니?)

Página 264

1. Saldré a la calle.
   ((나는) 거리로 나갈 것이다.)
2. Haremos las maletas.
   ((우리는) 가방을 꾸릴 것이다.)
3. Querrán acompañarnos.
   ((그들은) 우리들을 동행하기를 원할 것이다.)
4. Habrá una fiesta. (파티가 있을 것이다.)
5. Vendréis en enero.
   (너희들은 1월에 돌아올 것이다.)
6. No te diré una mentira.
   ((나는) 너에게 거짓말을 하지 않을 것이다.)
7. No podrá acompañarte.
   (그는 너를 동행할 수 없을 것이다.)
8. No sabré hacerlo.
   (나는 그것을 할 줄 모르겠다.)

Página 265

-¿Te pondrás el sombrero verde?
 (너는 녹색 모자를 쓸 것이니?)
-¿Tendrás tiempo para coger el tren?
 (기차를 탈 시간이 있을까?)
-¿A qué hora saldrás de la oficina?
 (사무실에서 몇 시에 나갈 것이니?)
-¿Habrá mucha gente en la fiesta?
 (축제에 많은 사람들이 있을까?)
-¿Pondrás cruzar el río?
 (강을 건널 수 있겠니?)

-¿Sabrás usar esta máquina?
(이 기계의 사용법을 아니?)

-¿Harás las maletas esta noche?
(오늘 밤 가방을 꾸릴 것이니?)

-¿Querrás votar por nosotros?
(우리에게 투표하실 거죠?)

-¿Dirá Ud. la verdad?
(당신은 진실을 말할 것입니까?)

19과

Página 275

I.

1. Está leyendo el periódico.
   ((호세는) 신문을 읽고 있다.)
2. Estamos esperando el autobús.
   ((우리는) 버스를 기다린다.)
3. Estoy escuchando la radio.
   ((나는) 라디오를 듣고 있다.)
4. Está hablando con María.
   ((루이스는) 마리아와 이야기를 하고 있다.)
5. Estamos pintando las puertas.
   ((우리는) 문들을 페인트 칠 하고 있다.)
6. Está preparando la cena.
   ((뻬레스 여사는) 저녁을 준비하고 있다.)
7. Están durmiendo. ((아이들은) 자고 있다.)
8. Estoy reparando el coche.
   ((나는) 자동차를 수리하고 있다.)

II.

1. ¿Quién está escribiendo una carta?
   (누가 편지를 쓰고 있습니까?)
2. ¿Quién está haciendo ruido?
   (누가 소음을 내고 있습니까?)
3. ¿Quién está arreglando la radio?
   (누가 라디오를 수리하고 있습니까?)
4. ¿Quién está haciendo la maleta?
   (누가 가방을 꾸리고 있습니까?)
5. ¿Quién está barriendo la casa?
   (누가 집을 청소하고 있습니까?)

6. ¿Quién está colgando un cuadro?
   (누가 그림을 걸고 있습니까?)
7. ¿Quién está haciendo el café?
   (누가 커피를 타고 있습니까?)
8. ¿Quién está fumando un cigarrillo?
   (누가 담배를 피우고 있습니까?)

Página 276

1. Carlos y Marta están esperando el autobús. (까를로스와 마르따는 버스를 기다리는 중이다.)
2. Los niños están escribiendo una carta.
   (아이들은 편지를 쓰고 있다.)
3. Isabel está peinándose.
   (이사벨은 머리를 빗고 있다.)
4. Doña Pilar está poniéndose el abrigo.
   (뻴라르 여사는 외투를 입고 있다.)
5. Carlos y Luis están nadando.
   (까를로스와 루이스는 수영을 하고 있다.)
6. Carmen está mirándose en el espejo.
   (까르멘은 거울 속의 자신을 보고 있다.)
7. Los niños están pidiendo dinero. (아이들은 돈을 요구하고 있다.)
8. Marta está pintando un cuadro. (마르따는 그림을 그리고 있다.)
9. El profesor está enseñando español. (교수는 스페인어를 가르치고 있다.)
10. José está bebiendo agua. (호세는 물을 마시고 있다.)

Página 278

I.

1. Se lo regalarás a Juan. ((너는) 환에게 그것(책)을 선물 할 것이다.)
2. Se los daré a los niños. ((나는) 아이들에게 그것들(캐러멜들)을 줄 것이다.)
3. Se las regalaré a las enfermeras. ((나는) 간호사들에게 그것들(꽃들)을 선물할 것이다.)
4. Se lo venderé a Miguel. ((나는) 미구엘에게 그것(자동차)을 팔 것이다.)
5. Te las entregaré a ti. (나는 너에게 그것들(편

6. Os lo pediremos. ((우리들은) 너희들에게 그것(돈)을 요구할 것이다.)

7. Se las daremos a Ud. ((우리는) 당신에게 그것들(열쇠들)을 건네줄 것이다.)

II.

1. Cómpraselos. (그들(아이들)에게 그것들(캐러멜)을 사줘라.)

2. Démela. (나에게 그것(병)을 주세요.)

3. Pídesela. (그에게 그것(자전거)을 요구해라.)

4. Déjamelo. (나에게 그것(사전)을 줘라.)

5. Regálaselo. (그녀(마리아)에게 그것(책)을 선물해라.)

6. Préstanoslos. (우리에게 그것들(책들)을 빌려주라.)

7. Dásela. (그(뻬드로)에게 그것(펜)을 줘라.)

8. Envíesela. (그(호세)에게 그것(편지)을 보내라.)

20과

Página 285

1. está sucia ((병은) 더럽다.)

2. está limpia ((방은) 깨끗하다.)

3. es grande ((차는) 크다.)

4. está al lado de la mesa ((그 아이는) 테이블 옆에 있다.)

5. está en casa ((아빠는) 집에 있다.)

6. está cerrado ((은행은) 영업이 끝났다.)

7. está madura ((과일은) 익었다.)

8. son altos ((건물들은) 높다.)

9. está cansado ((학생은) 피곤하다.)

10. es ancha ((거리는) 넓다.)

Página 286

I.

1. Ya la obedezco.
(이미 (나는) 그것(명령)에 복종하고 있다.)

2. Ya lo conduzco.
(이미 (나는) 그것(자동차)을 운전하고 있다.)

3. Ya lo agradezco.
(이미 (나는) 그것(호의)에 감사하고 있다.)

4. Ya lo conocemos.
(이미 (우리는) 그것(마을)을 알고 있다.)

5. Ya la agradecemos.
(이미 (우리는) 그것(초대)에 감사하고 있다.)

6. Ya lo conduzco.
(이미 (나는) 그것(오토바이)을 운전하고 있다.)

7. Ya lo conocemos.
(이미 (우리는) 그(남자)를 알고 있다.)

8. Ya le obedecemos.
(이미 (우리는) 그(교수님)에게 복종하고 있다.)

II.

1. Sí, (nosotros) vivimos en Italia.
(예, (우리는) 이탈리아에 살고 있다.)

2. Sí, (ellos) comen en casa.
(예, (그들은) 집에서 식사를 한다.)

3. Sí, (ella) escribe con frecuencia.
(예, (그녀는) 자주 (편지를) 쓴다.)

4. Sí, (ellos) la abren.
(예, (그들은) 그것(문)을 연다.)

5. Sí, (él) lo lee.
(예, (그는) 그것(신문)을 읽는다.)

6. Sí, (yo) recibo muchas cartas.
(예, (나는) 많은 편지들을 받는다.)

7. Sí, (nosotros) lo visitamos por la mañana. (예, (우리는) 오전에 그곳(동물원)을 방문한다.)

8. Sí, (yo) la escucho por la noche.
(예, (나는) 밤에 그것(라디오)을 듣는다.)

Página 287

III.

1. Sí, es suya. (예, 그(산체스)의 것입니다.)

2. Sí, es nuestro. (예, 우리의 것입니다.)

3. Sí, es suya. (예, 그녀들(어린아이들)의 것입니다.)

4. Sí, son nuestros. (예, 우리들의 것입니다.)

5. Sí, son suyos. (예, 그들(신사분들)의 것입니다.)

6. Sí, es suya. (예, 그녀(이사벨)의 것입니다.)

7. Sí, es tuya. (그래, 네 것이야.)

8. Sí, es suyo. (예, 그(환)의 것입니다.)

IV.

1. Es para el niño. (그 아이를 위한 것이다.)

2. Es para ti. (너를 위한 것이다.)

3. Es para nosotros. (우리들을 위한 것이다.)

4. Es para ellos. (그들을 위한 것이다.)

5. Es para vosotros. (너희들을 위한 것이다.)

6. Es para él. (그를 위한 것이다.)

7. Es para Isable. (이사벨을 위한 것이다.)

8. Es para Ud. (당신을 위한 것이다.)

Página 289

I.

1. Cógelo. (그것(택시)을 타라.)

2. Mírala. (그것(TV)을 봐라.)

3. Cómpralas. (그것들(넥타이들)을 사라.)

4. Límpialo. (그것(자동차)을 깨끗이 해라.)

5. Léelos. (그것들(신문들)을 읽어라.)

6. Repítelo. (그것(연습문제)을 반복해라.)

7. Píntala. (그것(집)을 페인트 칠 해라.)

8. Cuélgalo. (그것(그림)을 걸어라.)

II.

1. No vengáis. ((영화관에) 오지마라.)

2. No digas. ((진실을) 말하지 마라.)

3. No tengáis. ((인내심을) 갖지 마라.)

4. No hagáis. ((연습문제들을) 하지마라.)

5. No pongas. ((TV를) 켜지 마라.)

6. No vengáis. ((나를 보러) 오지마라.)

7. No salgáis. ((집에서) 나가지 마라.)

8. No pongáis. ((라디오를) 켜지 마라.)

Página 290

1. A los jóvenes les gusta jugar al fútbol.
   (젊은이들은 축구를 좋아한다.)

2. A ellos les gusta tomar helado.

(그들은 아이스크림 먹는 것을 좋아한다.)

3. A mi madre le gusta preparar la comida. (so 어머니는 음식 준비하는 것을 좋아한다.)

4. A nosotros nos gusta leer.
   (우리들은 독서를 좋아한다.)

5. A vosotros os gusta ver la televisión.
   (너희들은 TV 보는 것을 좋아한다.)

6. A Isabel le gusta hablar por teléfono.
   (이사벨은 전화하는 것을 좋아한다.)

7. A mí me gusta tomar el sol.
   (나는 일광욕을 좋아한다.)

Página 291

1. Aprenderemos a nadar.
   (우리는 수영하는 것을 배울 것이다.)

2. Volverán pronto. (그들은 곧 올 것이다.)

3. Será difícil. (어려울 것이다.)

4. Pepe hará sus deberes.
   (뻬뻬는 숙제를 할 것이다.)

5. Pagará siempre al contado.
   (그는 항상 현금을 지불할 것이다.)

6. Pasearéis por el parque.
   (너희들은 공원을 산책할 것이다.)

7. Los niños llamarán a su madre.
   (아이들은 그들의 엄마를 부를 것이다.)

8. Escribirá una postal. (그는 엽서를 쓸 것이다.)

Lista de palabras

A

a
abierto
abrigo
abril
abrir
abuelo
aburrido
academia
además
aduana
afeitarse
agosto
agradable
agradecer
agua
ahora
al
alemán
Alemania
alfombra
algo
allí
alquilar
alquiler
alto
alumno
amable
amar
amarillo
ambulancia
América
americano
amigo
Ana
anciano
ancho
andén
Andrés
Ángel
ánimo

antes
antiguo
Antonio
anuncio
año
apagar
apartamento
Apolo
aprender
apretar
aquél
aquel
aquí
árbol
armario
arquitecto
arreglar
así
Asturias
atardecer
aún
autobús
avión
ayudar
azul

B

bailar
bajo
balcón
banco
bañera
bar
barato
Bárbara
Barcelona
barrer
bastante
beber
bebida

biblioteca
bicicleta
bien
bienvenidos
billete
blanco
blusa
bocadillo
bolso
bonito
botella
botón
bueno
buscar

C

caballo
cada
caer
café
cafetería
caja
calcetines
caliente
California
calor
calle
cama
camarero
cambiar
camisa
campo
canción
cansado
cantar
caramelo
Carlo
Carlos
Carmen
carne

carnet
caro
carrera
carta
cartelera
cartera
cartero
casa
castaño
cenar
centro
cerrado
cerrar
certificado
cerveza
cigarrillo
cine
ciudad
claro
clase
cliente
clima
cocina
coche
coger
color
comedor
comer
comida
cómo
como
cómodo
compañero
compartir
complicado
comprar
comprender
con
concierto
conducir
conferencia
conocer

construir
contar
contener
corbata
correr
corrida
coser
Costa Brava
costa
costar
cristal
cruzar
cuadro
cuándo
cuánto
cuarto de baño
cuarto de estar
cubrir
cuento
cumpleaños
cumplir
curso

CH

chaqueta
chico
China
chuleta

D

dar
David
de
debajo
deberes
decidir
decir
declarar

dejar
del
delante
delgado
dentro
deporte
deportista
derecha
desatar
desear
deshacer
desordenado
despistado
después
detrás
día
diario
diccionario
diciembre
diferente
difícil
dinero
disco
disculpar
discutir
doctor
domingo
dónde
donde
doña
dormir
dormitorio
ducha
dueño

E

edad
edificio
él
el

electricista
elegante
elegir
empezar
empleado
empleo
en
encantado
encendedor
encender
encontrar
enchufe
enero
enfermera
enfermo
ensalada
entonces
entremés
enviar
equipaje
escalar
escribir
escuchar
escuela
España
español
espectáculo
espejo
estación
estancia
estantería
éste
este
estrecho
estudiante
estudiar
estudio
estupendo
examen
excursión
explicar
extranjero

F

fábrica
fácil
factura
falda
familia
favor
febrero
felicidades
feliz
Fernando
fiesta
final
firmar
flores
Florida
fontanero
fórmula
fotos
francés
Francia
fregar
frío
fruta
fumar
funcionar
fútbol

G

Galicia
gastar
gato
gemelos
generalmente
gente
ginebra
gitano
gordo
gracias

grande
grifo
gris
gritar
guitarra
gusto

H

haber
habitación
hablar
hacer
hambre
helado
hermano
hijo
Holanda
holandés
hombre
hora
horario
hospital
hotel
hoy
huevo
huir
húmedo

I

ida
idea
idioma
iglesia
importación
importar
ingeniero
Inglaterra
inglés

instalar
inteligente
intención
interesante
interesar
invierno
invitar
ir
Isabel
Italia
italiano
izquierda

J

jardín
Jerez
José
joven
Juan
jueves
jugar
julio
junio
juntos

K

kilos
kiosco
Klaus

L

la
lado
ladrón
largo
las

lavar
lección
leche
leer
lengua
librería
libro
limosna
limpiar
limpio
lo
López
los
luces
luego
Luis
Luisa

LL

llamar
llave
llegada
llegar
llevar
llover

M

madre
maduro
maleta
malo
mamá
mano
mantel
Manuel
mañana
máquina
Margarita

María
marrón
Marta
martes
marzo
más
mayo
mayor
me
media
medias
médico
mediodía
mejor
menor
menos
menú
mesa
meseta
mi
mía
miércoles
Miguel
mirar
mismo
moda
modelo
moderno
monedas
montaña
mucho
muebles
museo
muy

N

nada
nadar
naranja
necesario

necesitar
negro
nevar
nevera
niño
no
noche
norte
nosotros
nota
noticia
novela
noviembre
nuestro
nuevo
nudo
nunca

O

o
obedecer
obra
octubre
ocho
oeste
oficina
oír
ojos
orden
ordenar
oscuro
otoño
otro

P

Pablo
padre
paella

pagar
país
País Vasco
pantalones
papel
paquete
par
para
parecer
pared
parque
particular
partido
pasaporte
pasar
pasear
pasillo
pastel
patata
patio
pedir
Pedro
película
pelo
pelota
peluquería
peluquero
pensar
pensión
peor
pequeño
perder
perdonar
Pérez
perezoso
perfeccionar
periódico
pero
perro
pesado
pesar
pescado

peseta

piel

Pilar

pilas

pino

pintar

piscina

piso

pista

planta

playa

plaza

pluma

poco

poder

policía

polvo

pollo

poner

porque

¿por qué?

portal

postre

precioso

preferir

preocuparse

prestar

primero

primo

probar

problema

producto

profesor

programa

próximo

puerta

Q

que

qué

quedarse

querer

quién

quitar

R

radio

ramo

Ramón

rato

razón

recibir

recoger

recomendar

redondo

regalar

regalo

regresar

reparar

repartir

resfriado

restaurante

revisor

revista

río

rojo

ropa

rosa

roto

rubio

ruido

ruidoso

Rusia

ruso

S

sábado

saber

salida

salir

saludar

San

Sáchez

Santander

Santiago

secretaria

sed

seguir

segundo

semana

sentir

señor

señora

señorita

septiembre

ser

servir

sesión

sí

siempre

silla

sillón

simpático

sobre

sobretodo

sofá

sol

solo

sombrero

sopa

soplar

sorpresa

su

suave

sucio

sudamericano

sufrir

suma

supuesto

sur

suyo

T

tabaco

tacaño

talla

también

tampoco

tan

tanto

tarde

Tarragona

taxi

té

teatro

telefonear

teléfono

televisión

temperatura

tener

Tenorio

ti

tiempo

tienda

tintorería

tío

tocadiscos

tocar

todavía

todo

tomar

tontería

toro

tortilla

trabajar

trabajo

traer

traje

tren

tu

tú
turista
tuya

último
un
universidad
uno
usar
usted

varios
vaso
vecino
vender
vendedor
venir
ver
verano
verdad
verde
vestido
viajar
viajero
viejo
viento
viernes
vino
visitar
visón
vivir
volver
vosotros
votar
vuelta
vuestro

ya
yo

zapato
zorro

Expresiones

a cuadros

a dónde

a la derecha

a la izquierda

al atardecer

al lado de

a medianoche

a mediodía

a menudo

¡ánimo!

a veces

a ver

¡bravo!

cerca de

de acuerdo

debajo de

delante de

dentro de

de nuevo

después de

detrás de

de vez en cuando

¡hola!

mucho gusto

por favor

por la mañana

por la noche

por la tarde

por supuesto

Memo

Memo

Memo

Memo

Memo